Python言語の基本から
仕事のやり方まで

独学プログラマー

THE SELF-TAUGHT

Programmer

The Definitive Guide to Programming Professionally

コーリー・アルソフ　清水川貴之　監訳

日経BP社

THE SELF-TAUGHT PROGRAMMER by Cory Althoff
Copyright© 2017 by Cory Althoff.
Japanese-language editon copyright
© 2018 by Nikkei Business publications, Inc.
All rights reserved.

Japanese translation published by arrangement
with Triangle Connection LLC c/o Hodgman Literary LLC
through The English Agency (Japan) Ltd.

いつも私をサポートしてくれた両親、
アビー・アルソフとジェームズ・アルソフに
この本を捧げます。

第 1 部 （Part 1）

第 1 章　イントロダクション···········2

本書の構成 ···········3

大事なところから学ぶ ···········4

あなただけじゃない ···········5

独学の強み ···········5

プログラムを書くと良いこと ···········6

断固として継続しよう ···········7

この本の表示について ···········7

この本で扱っている技術 ···········8

用語集／チャレンジ ···········9

第 2 章　さあ、はじめよう!···········10

プログラミングってなに？ ···········10

Pythonってなに？ ···········11

Pythonのインストール ···········11

困ったときは ···········12

対話シェル ···········12

プログラムを保存する ···········13

例題プログラムを実行する ···········14

用語集／チャレンジ ···········15

第 3 章　プログラミング入門 ⋯⋯⋯⋯⋯ 16

コード例 ⋯⋯⋯⋯⋯⋯⋯⋯⋯⋯⋯⋯⋯⋯⋯ 16

コメント ⋯⋯⋯⋯⋯⋯⋯⋯⋯⋯⋯⋯⋯⋯⋯ 18

出力 ⋯⋯⋯⋯⋯⋯⋯⋯⋯⋯⋯⋯⋯⋯⋯⋯⋯ 19

行 ⋯⋯⋯⋯⋯⋯⋯⋯⋯⋯⋯⋯⋯⋯⋯⋯⋯⋯ 19

キーワード ⋯⋯⋯⋯⋯⋯⋯⋯⋯⋯⋯⋯⋯⋯ 21

スペース ⋯⋯⋯⋯⋯⋯⋯⋯⋯⋯⋯⋯⋯⋯⋯ 21

データ型 ⋯⋯⋯⋯⋯⋯⋯⋯⋯⋯⋯⋯⋯⋯⋯ 22

定数と変数 ⋯⋯⋯⋯⋯⋯⋯⋯⋯⋯⋯⋯⋯⋯ 24

構文 ⋯⋯⋯⋯⋯⋯⋯⋯⋯⋯⋯⋯⋯⋯⋯⋯⋯ 28

エラーと例外 ⋯⋯⋯⋯⋯⋯⋯⋯⋯⋯⋯⋯⋯ 29

算術演算子 ⋯⋯⋯⋯⋯⋯⋯⋯⋯⋯⋯⋯⋯⋯ 31

比較演算子 ⋯⋯⋯⋯⋯⋯⋯⋯⋯⋯⋯⋯⋯⋯ 33

論理演算子 ⋯⋯⋯⋯⋯⋯⋯⋯⋯⋯⋯⋯⋯⋯ 36

条件文 ⋯⋯⋯⋯⋯⋯⋯⋯⋯⋯⋯⋯⋯⋯⋯⋯ 38

文 ⋯⋯⋯⋯⋯⋯⋯⋯⋯⋯⋯⋯⋯⋯⋯⋯⋯⋯ 43

用語集／チャレンジ ⋯⋯⋯⋯⋯⋯⋯⋯ 46／48

第 4 章　関数 ⋯⋯⋯⋯⋯⋯⋯⋯⋯⋯⋯⋯ 50

コンセプトを表してみる ⋯⋯⋯⋯⋯⋯⋯ 50

関数 ⋯⋯⋯⋯⋯⋯⋯⋯⋯⋯⋯⋯⋯⋯⋯⋯⋯ 51

関数を定義する ⋯⋯⋯⋯⋯⋯⋯⋯⋯⋯⋯ 51

組み込み関数 ⋯⋯⋯⋯⋯⋯⋯⋯⋯⋯⋯⋯⋯ 54

関数を再利用する ⋯⋯⋯⋯⋯⋯⋯⋯⋯⋯ 57

必須引数とオプション引数 ⋯⋯⋯⋯⋯⋯ 59

スコープ ⋯⋯⋯⋯⋯⋯⋯⋯⋯⋯⋯⋯⋯⋯⋯ 60

例外処理 ⋯⋯⋯⋯⋯⋯⋯⋯⋯⋯⋯⋯⋯⋯⋯ 63

ドキュメンテーション文字列 ···················· 67

必要なときにだけ変数を使おう ··············· 68

用語集／チャレンジ ························ 68／69

第 5 章　コンテナ ···················· 70

メソッド ···································· 70

リスト ····································· 71

タプル ····································· 76

辞書 ······································ 78

コンテナの中のコンテナ ···················· 83

用語集／チャレンジ ························ 86／87

第 6 章　文字列操作 ·················· 88

三重クォート文字列 ························· 88

インデックス ······························ 88

文字列はイミュータブル ···················· 90

文字列の足し算 ···························· 91

文字列のかけ算 ···························· 91

大文字小文字変換 ·························· 91

書式化 ···································· 92

分割 ······································ 94

結合 ······································ 94

空白除去 ·································· 95

置換 ······································ 96

文字を探す ································ 96

包含 ······································ 97

エスケープ文字 ……………………………………………… 98

改行 ………………………………………………………… 99

スライス …………………………………………………… 99

用語集／チャレンジ ………………………………… 101／102

第 7 章 ループ ……………………………………………… 104

forループ ………………………………………………… 104

range ……………………………………………………… 108

whileループ ……………………………………………… 109

break ……………………………………………………… 110

continue …………………………………………………… 112

入れ子のループ …………………………………………… 113

用語集／チャレンジ ………………………………… 115／116

第 8 章 モジュール ………………………………………… 118

重要な組み込みモジュール ……………………………… 118

ほかのモジュールをインポートする ………………… 121

用語集／チャレンジ ……………………………………… 123

第 9 章 ファイル …………………………………………… 124

ファイルに書き出す ……………………………………… 124

ファイルを自動的に閉じる ……………………………… 127

ファイルから読み込む …………………………………… 127

CSVファイル ……………………………………………… 129

用語集／チャレンジ ………………………………… 131／132

第10章 知識を1つにまとめる ……………………………… 134

ハングマン ………………………………………………… 135
チャレンジ ………………………………………………… 139

第11章 ハマったときの助け …………………………… 140

読んでみよう ……………………………………………… 140
その他の読み物 …………………………………………… 140
助けてもらうには ………………………………………… 141

第2部（Part 2）

第12章 プログラミングパラダイム …………… 144

状態 ………………………………………………………… 144
手続き型プログラミング ………………………………… 144
関数型プログラミング …………………………………… 147
オブジェクト指向プログラミング ……………………… 148
用語集／チャレンジ …………………………… 155／156

第13章 オブジェクト指向プログラミングの 4大要素 ……………………………………… 158

カプセル化 ………………………………………………… 158
抽象化 ……………………………………………………… 161
ポリモーフィズム ………………………………………… 161

継承 ·· 164

コンポジション ·· 167

用語集／チャレンジ ·································· 168／169

第14章　もっとオブジェクト指向プログラミング ··· 170

クラス変数 vs インスタンス変数 ······················· 170

特殊メソッド ·· 173

is ·· 175

用語集／チャレンジ ·································· 176／177

第15章　知識を1つにまとめる ····················· 178

Card ·· 178

Deck ·· 181

Player ·· 182

Game ·· 182

戦争のコード全体 ·· 184

第3部（Part 3）

第16章　Bash ·· 190

Bashを使うために ·· 191

Bashを見つけよう ·· 191

コマンド ··· 192

最近使ったコマンド ··· 193

相対パス vs 絶対パス ……………………………… 193

作業ディレクトリの変更 ………………………… 195

フラグ ……………………………………………… 197

隠しファイル ……………………………………… 198

パイプ ……………………………………………… 199

環境変数 …………………………………………… 199

ユーザー …………………………………………… 200

さらに学ぶ ………………………………………… 201

用語集／チャレンジ ……………………… 202／203

第17章　正規表現 ……………………………… 204

準備 ………………………………………………… 204

シンプルな一致 …………………………………… 206

前方一致と後方一致 ……………………………… 208

複数文字との一致 ………………………………… 209

数値との一致 ……………………………………… 210

繰り返し …………………………………………… 211

エスケープ ………………………………………… 214

正規表現ツール …………………………………… 214

用語集／チャレンジ ……………………………… 215

第18章　パッケージ管理 …………………… 216

パッケージ ………………………………………… 216

pip ………………………………………………… 216

仮想環境 …………………………………………… 220

用語集／チャレンジ ……………………… 220／221

第19章　バージョン管理 ･･････････････････････ 222

リポジトリ ･･ 223
はじめよう ･･ 224
プッシュとプル ･･ 226
プッシュしてみよう ････････････････････････････････････ 227
プルしてみよう ･･ 231
前のバージョンに戻す ･･････････････････････････････････ 232
差分 ･･ 233
次のステップ ･･ 235
用語集／チャレンジ ････････････････････････････････････ 236

第20章　知識を1つにまとめる ････････････････ 238

HTML ･･ 238
Googleニュースをスクレイピングする ･･････････････････ 240
用語集／チャレンジ ････････････････････････････････ 244／245

第4部（Part 4）

第21章　データ構造 ････････････････････････････ 248

スタック ･･ 248
スタックを使って文字列を逆順にする ････････････････････ 251
キュー ･･ 252
チケット行列 ･･ 255
用語集／チャレンジ ････････････････････････････････････ 257

第22章 アルゴリズム 258

FizzBuzz 258

線形探索 259

回文 260

アナグラム 261

出現する文字列を数える 262

再帰 263

用語集／チャレンジ .... 266／267

第5部（Part 5）

第23章 プログラミングのベストプラクティス ... 270

コードを書くのは最後の手段 270

DRY 270

直交性 271

どのデータも1カ所で定義しよう 271

1つの関数には1つのことだけをさせよう 272

時間がかかりすぎるなら、たぶん何か間違えている ... 272

最初に良い方法で実装しよう 272

慣例に従おう 273

強力なIDEを使おう 273

ロギング 275

テスト 275

コードレビュー 276

セキュリティ 276

用語集 277

第24章 プログラマーとしての最初の仕事 … 280

道を選ぶ … 280
経験しよう … 281
面接を受ける … 282
面接 … 282
面接をハックする … 283

第25章 チームで働く … 286

基本をマスターする … 286
Google検索できることを質問しない … 286
コードを変更する … 287
詐欺師症候群 … 287

第26章 さらに学ぼう … 290

古典で学ぶ … 290
オンライン授業で学ぶ … 291
ハッカーニュース … 291

第27章 次のステップ … 292

メンターを見つけよう … 292
本質を探る努力をしよう … 292
アドバイスを得よう … 293

第6部（Part 6）

補　章　より良いコードにするために	296
補　章　継続して学ぶために	302

謝　辞	309
訳者あとがき	310
索　引	314

　本書に登場するリンク（URL）をまとめたテキストファイル（またはPDFファイル）をご用意しました。本書に掲載されたコード例やチャレンジの解答例へのリンクをまとめたものです。学習時にご活用いただければ幸いです。
　以下からダウンロードいただけます。

・日経BPブックナビ
https://www.nikkeibp.co.jp/atclpubmkt/book/18/C92270/

・日経BP SHOP
https://shop.nikkeibp.co.jp/front/commodity/0000/C92270/

第1部

PART 1

PART 1

第 1 章

イントロダクション

> 優れたプログラマーは、金銭的な報酬や人々から賞賛を浴びる目的で、
> コードを書くのではない。単純にプログラミングを楽しむために、
> コードを書くんだ。
> ──Linus Torvalds（リーナス・トーバルズ）

　私は米クレムソン大学で政治学を専攻しました。当時はコンピューターサイエンスの専攻も考え、1年生の時にはプログラミング入門コースも履修していましたが、すぐに辞めてしまいました。プログラミングが難しすぎたからです。大学を卒業してシリコンバレーに住んでいた頃、プログラミングを学ぶ決心をしました。その1年後、私はeBayで中堅のソフトウェアエンジニアとして仕事をしていました。でも、決心してから1年で一端（いっぱし）のエンジニアになるのが簡単だった、なんて思ってほしくありません。それは、とてつもなく野心的で、大変なことでした。ただ、いろんなことを試してみる過程で、たくさんの楽しみがありました。

　私は、人気のプログラミング言語Pythonを学ぶという、壮大な計画を始めました。その成果に基づいてこの本を書きましたが、この本は特定のプログラミング言語を教えることだけを目指してはいません。もちろん、Pythonはお教えします。加えてこの本は、初心者に優しい一般的なプログラミングの本とは異なり、プログラミングをするための環境やツール、さらに仕事の見つけ方までを扱います。つまり、私自身がソフトウェアエンジニアになるために学ばなければならなかったことすべてを盛り込みました。この本は易しい入門書を求めているような、趣味プログラマー向けではありません。プロのプログラマーになりたい人向けに書かれています。ソフトウェアエンジニアになりたい人、起業家、自らの専門分野にプログラミングスキルを取り入れていきたい人に向けて、この本を書きました。

　プログラミング言語を学ぶことは戦いの一部にしか過ぎません。コンピューターサイエンティストの言葉を話すためには、ほかのスキルも必要です。プログラミング初心者だった私が、プロのソフトウェアエンジニアとして自

立するまでの過程で学んだすべてを、あなたに教えます。私がこの本を書いたのは、高い志を持ったプログラマーが何を知っておくべきか、その要点を伝えたかったからです。私自身、独学でプログラマーになったのですが、何を学ぶべきか分かっていませんでした。プログラミング入門本はどれも同じでした。そういった本は、PythonかRubyでプログラミングの基礎を教えてくれますが、その先は自分で道を見つけるしかありません。そういった本を読み終えた人から聞く感想は決まって、「次はどうしたらいいの？私はまだプログラマーではないし、次に何を学ぶべきか分からないよ」といったものです。この本はそうした質問への私なりの答えです。

本書の構成

　この本の各章で扱っているテーマの多くは深く、それぞれが1冊の本だとしても足りないくらいです。私の目標は、あなたが知る必要があるすべてのテーマの、すべての詳細を網羅することではなく、プロのプログラマーとして成長するために必要な、すべてのスキルの地図を提供することです。この本は以下の5部構成になっています。

第1部：プログラミング入門。初めてのプログラムは間もなく、うまくいけば今日にでも書けるでしょう。

第2部：オブジェクト指向プログラミング入門。オブジェクト指向プログラミングは、第1部とは異なるプログラミングの概念です。ここでは、プログラミングの凄さを実感するゲームを開発します。このセクションを終えたら、もうプログラミングをやめられなくなるでしょう。

第3部：プログラミングツール入門。ここでは、プログラミングの生産性を別次元へと導いてくれるさまざまなツールの使い方について学びます。この時点で、あなたは完全にプログラミングの虜になって、さらにうまく書きたいと思っているはずです。このパートで学ぶのは、オペレーティングシステム、生産性を高めてくれる正規表現の使い方、他人の書いたプログラムを組み込む方法や管理する方法、そして、バージョン管理ツールを用いてほかのエンジニアたちと協力する方法、などです。

第4部：コンピューターサイエンス入門。コンピューターサイエンスの中でも重要な、アルゴリズムとデータ構造について、簡潔に紹介します。

第5部：仕事に就くこと。ここでは、最良のプログラミングの習慣、ソフトウェアエンジニアとして仕事を得ること、チームで働くこと、プログラマーとして成長していくことについて取り上げます。また、専門試験をうまくパスする秘訣やチームで働くときのコツ、あなたのスキルを一段と高めるヒントも提供します。

　もしもプログラミング経験がないのであれば、これらのセクションを何度も繰り返して、プログラミングを可能な限りたくさん練習すべきです。この本をあまり早く読もうとしないようにしましょう。ガイドとしてできるだけ長く利用してください。

大事なところから学ぶ

　私がプログラミングを学んだ方法は、一般的にコンピューターサイエンスで教えられるのとは正反対の方法でした。この本の構成はまさに私のやり方に沿っています。コンピューターサイエンスの授業は、たっぷり時間をかけて理論を学びます。そして、理論ばかり学んだ多くの学生は、プログラミングの仕方を知らないまま卒業するのです。

　スタック・オーバーフロー（プログラマー向け質問サイト）の共同創業者として有名なJeff Atwood（ジェフ・アトウッド）は、彼のブログの記事「どうしてプログラマに…プログラムが書けないのか？」[訳注1] で次のように書いています。「私と同様、この著者は、プログラミングの仕事への応募者200人中199人がコードをまったく書けないことに苦労している。繰り返すが、彼らはいかなるコードも書けないのだ」

　この驚きの事実をきっかけにしてAtwoodは**FizzBuzz**問題を作りました。FizzBuzzはプログラミングのテストで、面接の際にプログラミングができない候補者を見つけて不合格にできます。大抵の人はこのテストに失敗しま

[訳注1] http://www.aoky.net/articles/jeff_atwood/why_cant_programmers_
program.htm

第1章　イントロダクション

す。だからこそ、この本で実践的なスキルを学んで、テストに合格する能力を身に付けるのです。おっと、FizzBuzzテストに合格する方法も教えるので心配しないで。

チェスの神童と呼ばれ『ボビー・フィッシャーを探して』の主役として映画にもなったJosh Waitzkin（ジョッシュ・ウェイツキン）は、チェスの学び方を『習得への情熱』（みすず書房、2015）において書き綴っています。彼は、最初の駒の動きを学ぶ代わりに、2、3個しか駒が残っていない終盤戦から学ぶことにしたそうです。彼はこの戦略でチェスについてより良い理解を得て、その後数々の選手権で勝利しました。

これは、プログラミングにも当てはまると思います。まずプログラミングを学び、それがどんな理論で動いているのか知りたいと強く思ってから理論を学んだ方が、効率が良いと思います。だから、この本では第4部までコンピューターサイエンスの理論は紹介しません。紹介自体もかなり短めです。理論は大事ですが、プログラミングの経験があって初めて真価を発揮するのです。

あなただけじゃない

プログラミングを学校外で学ぶことは、ますます一般的になりつつあります。スタック・オーバーフローが2015年に調査したところ、アンケート回答者の48%がコンピューターサイエンスの学位を持っていませんでした[注1]。

独学の強み

私がeBayで働き始めた時、スタンフォード大学やカリフォルニア大学、デューク大学のコンピューターサイエンス学位を持つプログラマーたち、および物理学の博士号を持つ2人と同じチームに配属されました。21歳のチームメイトが25歳の私よりも10倍以上もプログラミングとコンピューターサイエンスについて知っていることは歯がゆいものでした。

[注1]　http://www.infoworld.com/article/2908474/application-development/
stack-overflow-survey-finds-nearly-half-have-no-degree-in-
computer-science.html

5

そうした環境がどれだけ歯がゆいものだとしても、いわゆる「独学の強み」があることを忘れないでください。あなたはこの本を読むことを先生から命じられているわけではなく、自分から学びたくて読んでいるわけです。この学びたいという強い欲求が、あなたの最大限の強みです。さらに、世界でもっとも成功している何人かは独学のプログラマーであるという事実を忘れないでください。たとえば、アップル共同創業者のSteve Wozniak（スティーブ・ウォズニアック）。ほかにも、NASAのアポロ計画のフライトシステムソフトウェアへの功績を讃えて大統領自由勲章を与えられたMargaret Hamilton（マーガレット・ハミルトン）、Tumblr創業者のDavid Karp（デービッド・カープ）、Twitter創業者のJack Dorsey（ジャック・ドーシー）、Instagram創業者のKevin Systrom（ケビン・システロム）などです。

プログラムを書くと良いこと

プログラミングの能力は、どんな職業に就いていても仕事の手助けになります。プログラミングを学ぶことは活力を与えてくれます。私は新しいアイディアを考え出すのが好きで、いつも新しくスタートしたい新規のプロジェクトがあります。プログラミングできるということは、誰かにやってもらわなくても、しばらく座っていれば新しいアイディアを実際に実現できるということです。

プログラミング能力は、あなたのやることすべてを良くします。プログラミングをマスターすることで身に付く研ぎ澄まされた問題解決能力は、多くの事柄に役に立ちます。最近私は、クレイグスリスト[訳注2]で家探しをするというつまらない作業をしました。私はコードを書いてプログラムにその仕事をさせ、結果をメールで送ることに成功しました。プログラミングを学ぶということは繰り返し作業から生涯自由になれるのです[訳注3]。

ソフトウェアエンジニアの需要はますます増えていて、空きポジションを

....

[訳注2] 個人が求人や売買の広告を掲載する、よく知られているサイトの1つ。日本語版は以下からアクセスできます。https://tokyo.craigslist.jp/
[訳注3] 参考書籍『退屈なことはPythonにやらせよう ──ノンプログラマーにもできる自動化処理プログラミング』（オライリー・ジャパン、2017）
[注2] http://www.wsj.com/articles/computer-programming-is-a-trade-lets-act-like-it-1407109947?mod=e2fb

第1章 イントロダクション

埋められるだけの適任者がいないのが現状です。2020年までには、百万人のプログラミングに関する職に空きが生じると推定されています[注2]。ソフトウェアエンジニアになることが人生の目標ではないかもしれませんが、科学や金融の世界ではプログラミング経験者が優遇され始めています。

断固として継続しよう

もしプログラミング経験がなく、これから始める冒険に不安があるとしたら、それでも大丈夫ということを知っておいてください。プログラマーは数学が得意な人ばかり、というような、よくある誤解がいくつかあります。しかし、実際は違います。

プログラミングを学ぶのに数学が得意である必要はありませんが、プログラミングを学ぶ努力は必要です。と言っても、この本でカバーする多くの内容は思ったよりも簡単に学べるでしょう。

プログラミングのスキルを上達させるには、毎日練習すべきです。スキルが上達しない唯一の原因は、継続して練習しないことにあります。だから、日々練習できるように2つのアドバイスをしましょう。

私が始めたころは、日々練習したことを確かめるためのチェックリストを使っていました。そのリストは集中力を維持するのに役立ちました。

生産性の専門家Tim Ferriss（ティム・フェリス）は、次のように言っています。モチベーションを維持できるようなテクニックに従うのがお勧めです。そのテクニックとは、友人や家族にお金を渡しておいて、ある一定期間のうちに目標を達成したら自分に戻してもらう。もし失敗したら、自分の嫌いな組織にそのお金を寄付するように依頼しておく、というものです。

この本の表示について

この本の各章は、それぞれ関連があります。この本はコンセプトを何度も繰り返し説明することを避けている、ということを覚えておいてください。重要な言葉が最初に登場するときは**太字**で表示しています。

各章の最後には、用語集とチャレンジ問題があります。用語集には、重要な用語の定義を示します。チャレンジ問題はプログラミングスキルを高めるのに役立ちます。解答へのリンクも用意しています。

7

この本で扱っている技術

　この本は実践的なプログラミング経験をできるだけ多く提供するために、特定の技術をお伝えします。その説明では、技術面だけでなく、技術が持つコンセプトを重視しています。

　多くの場合において、特定の技術を選んで紹介します。たとえば、「第19章 バージョン管理」では一般的に使われているGitというバージョン管理ツールの基礎について説明します。Gitを選んだのは、バージョン管理におけるデファクトスタンダード（業界標準）だと考えたからです。

　プログラミング事例のほとんどはPythonを使って説明しています。それは、Pythonが人気のプログラミング言語だからです。Pythonはまた、たとえ一度も使ったことがなくても、読みやすい言語です。さらにPython開発者の需要は、ほぼすべての分野において高くなっています。

　この本の例題をこなしていくには、コンピューターが必要です。コンピューターには**オペレーティングシステム**（OS）というプログラム ─ コンピューターのハードウェアと人との仲介役のようなもの ─ が搭載されています。

　コンピューターの画面を通して見えるものは、**グラフィカルユーザーインターフェース**（GUI）と呼ばれるもので、OSの一部です。

　デスクトップ型、ノート型、いずれのコンピューターであっても、3つの一般的なOSがあります。**Windows**、**Unix**、そして**Linux**です。WindowsはMicrosoftのOSです。Unixは1970年代に開発されたOSで、Appleの現OSであるmacOSはUnixをベースにしています。これから先でUnixについて触れる際は、AppleのOSについての話をしていきます。Linuxは**オープンソース**のOSであり、世界中の主要な**サーバー**で利用されています。サーバーとはタスクを実行するコンピューター、あるいはそのコンピューターのプログラムのことです。たとえばウェブサイトはサーバー上に置かれています。オープンソースとは、ソースコードが公開されていて、再配布したり改変したりできるプログラムのことです。LinuxやUnixはいずれも**UnixライクなOS**ということができ、これらはとても似ています。この本では読者がOSとしてWindows、UnixあるいはUbuntu（Linuxの一般的なディストリビューション[訳注4]）を使っていることを想定しています。

第1章　イントロダクション

用語集

FizzBuzz：面接で候補者を選別するのに使われるプログラミングテスト

オペレーティングシステム（OS）：コンピューターの物理的なハードウェアと人との仲介役

グラフィカルユーザーインターフェース（GUI）：コンピューターの画面に目を向けたときに見えるOSの一部分

Windows：MicrosoftのOS

Unix：1970年代に開発されたOSで、Appleの現OSはUnixをベースにしている

Linux：オープンソースのOSであり、世界中の主要なサーバーで利用されている

オープンソース：企業や個人が所有するのではなく、ボランティアグループによって維持されているソフトウェア[訳注5]

サーバー：タスクを実行するコンピューター、あるいはコンピューターのプログラムのことで、たとえばウェブサイトはサーバーに置かれている

UnixライクなOS：UnixとLinuxのこと

チャレンジ

1. プログラミングの練習を毎日継続できるようにするためのチェックリストを作ろう。

[訳注4] ディストリビューションとは、Linuxの配布形態のことです。数多くあり、Ubuntu、Red Hat Enterprise Linuxなどが広く知られています。

[訳注5] オープンソースの定義「コードが公開されていて改変や再配布が可能か」等に沿っていれば、オープンソースと言えます。詳しくは以下を参照。
http://www.opensource.jp/osd/osd-japanese.html

PART 1

第2章

さあ、はじめよう!

良いプログラマーとは、一方通行の道を渡るときに
両側を見るような人である。
——**Doug Linder**(ダグラス・リンダー)

プログラミングってなに?

　プログラミングは、コンピューターが動作するための指示を書くことです。
指示とはたとえば、コンピューターにHello, World!と表示させたり、イ
ンターネット上のデータを取ってきたり、ファイルの内容を読みこんでデータ
ベースに保存したりすることです。こういった指示は**コード**と呼ばれています。
　プログラマーたちは、多くの異なる言語でコードを書いています。昔のプ
ログラマーは、アセンブラという暗号のような**低水準言語**を使う必要があっ
たため、プログラミングは今よりも非常に難しいものでした。**高水準言語**
(英語のように書けるプログラミング言語)で書くのに比べると、低水準言
語で書くということは、バイナリ(0と1)を直接書くのにかなり近く、理
解するのも難しいものです。次のコードは、**アセンブリ言語**で書かれたコー
ド例です。

```
# http://tinyurl.com/z6facmk

global  _start
        section .text
_start:
        mov     rax, 1
        mov     rdi, 1
        mov     rsi, message
        mov     rdx, 13
        syscall
        ; exit(0)
        mov     eax, 60
        xor     rdi, rdi
```

10

第2章 さあ、はじめよう！

```
        syscall
message:
        db        "Hello, World!", 10
```

これと同じことをするプログラムを現代のプログラミング言語で書くと、次のようになります。

```
1   # http://tinyurl.com/zhj8ap6    (この行については後述します)
2
3   print("Hello, World!")
```

この通り、現代のプログラマーは同じことをとても簡単に書けます。もう、時間をかけて、暗号のような低水準言語を学ぶ必要はありません。代わりに、読みやすいプログラミング言語 Python を学びましょう。

Pythonってなに？

Pythonはオープンソースのプログラミング言語です。Guido van Rossum（グイド・ヴァン・ロッサム、以下Guido）というオランダのプログラマーが開発し、イギリスのコメディグループであるモンティ・パイソンから名前を採りました。

Guidoは、プログラマーがコードを書くことよりも読むことに時間を使っている、という事実に気付きました。そこで、彼は読みやすいプログラミング言語を開発したのです。Pythonは世界でもっとも注目されている、学びやすい言語の1つです。今やPythonはあらゆる主要なOSやコンピューター上で動作しており、ウェブサーバーを作ることからデスクトップアプリケーションを作ることまで、あらゆる場面で利用されています。また、こうした注目度の高さから、Pythonプログラマーの需要は高くなっています。

Pythonのインストール

この本を読み進める前に、Python 3 をインストールしておきましょう。公式サイト（https://www.python.org/downloads/）からWindowsとmacOS用のPythonをダウンロードできます。もしUbuntuを利用しているのであれば、Python 3はデフォルトでインストールされています。

Python 2ではなくPython 3をダウンロードするように気を付けてください。この本のコード例にはPython 2では動かないものがあります。

Pythonは32bitと64bitのどちらの環境でも利用できます。もし2007年以降に発売されたコンピューターを利用しているのであれば、64bitであると考えてよいでしょう。もし不安であれば、インターネットで調べておきましょう。

もしWindowsかmacOSを利用しているのであれば、それぞれのOS向けの32bitあるいは64bitのインストーラーをダウンロードしてファイルを開き、画面の指示に従ってください。次のURLで、Pythonのインストール手順を動画で説明しています[訳注1]。

https://www.theselftaughtprogrammer.io/installpython

困ったときは

ここから先は、Pythonがインストールされている必要があります。もしPythonのインストールで困ったら、「第11章　ハマったときの助け」の「助けてもらうには」節を参照してください。

対話シェル

PythonにはIDLE（Interactive DeveLopment Environment の略でアイドルと読みます）と呼ばれる開発環境が用意されています（IDLEは、モンティ・パイソンのメンバー、エリック・アイドルの姓でもあります）。これからIDLEを利用してコーディングを行っていきます。Pythonをダウンロードしたら、IDLEを見つけてください。Windowsならスタートボタンから、macOSならFinder、UbuntuならNautilusで探します。デスクトップにショートカットを作っておくことをお勧めします。

IDLEのアイコンをクリックすると、プログラムが起動して次の内容が表示されます（表示される内容は変わることもありますが、メッセージが違っていたり表示されなくても気にしないでください）。

....

[訳注1] 動画は英語ですが、インストール手順が分かりやすく紹介されています。日本語での手順は以下を参照してください。
http://www.python.jp/install/install.html
http://pycamp.pycon.jp/textbook/1_install.html

第2章 さあ、はじめよう!

```
Python 3.5.1 (v3.5.1:37a07cee5969, Dec 5 2015, 21:12:44)
[GCC 4.2.1 (Apple Inc. build 5666) (dot 3)] on darwin Type
"copyright", "credits" or "license()" for more
information.
>>>
```

　このプログラムは対話シェル（インタラクティブシェル）といいます。
Pythonのコードをここに直接入力でき、実行結果も表示されます。>>>（プ
ロンプト）のところに以下のように入力し、Enterキーを押してください。

```
1   print("Hello, World!")
```

　Kindleなどの電子書籍やMicrosoft Wordのようなワープロで作られた文
書からコードをコピーしてIDLEにペーストしても、うまく動作しないでし
ょう。もしコピー＆ペーストして、よく分からないエラーメッセージが表示
されたなら、対話シェルに直接コードを入力してください。例に書かれてい
る通りに、カッコ（( )）や引用符（"）など、すべて正確に入力します。
　シェルには Hello, World! と表示されましたか？

```
●●●                      Python 3.6.0 Shell
Python 3.6.0 (default, Dec 24 2016, 08:01:42)
[GCC 4.2.1 Compatible Apple LLVM 8.0.0 (clang-800.0.42.1)] on darwin
Type "copyright", "credits" or "license()" for more information.
>>> WARNING: The version of Tcl/Tk (8.5.9) in use may be unstable.
Visit http://www.python.org/download/mac/tcltk/ for current information.

>>> print("Hello, World!")
Hello, World!
>>> |
```

　プログラミングの世界では伝統的に、プログラミング言語の入門者に最初
に教えるのは、Hello, World!と画面に表示する方法です。そう、ついに
最初のプログラムを書けましたね。おめでとうございます！

プログラムを保存する

　対話シェルでは、コードを少し書くだけですぐに実行結果が分かります。
そのため、ちょっとしたお試しコードを少し書いては動かす、といった使い

13

方ができます。

　IDLEは、再利用したいコードを保存できます。IDLEを起動して、「File」（IDLEでエディタのメニューバー左上にあります）をクリックし、「New File」を選びます。何も書かれていない白いテキストエディタが立ち上がるので、ここにコードを書き保存します。コードを実行すると、対話シェルに実行結果が表れます。コードを修正したら、再度実行する前に保存してください。

　それでは、Hello, World! プログラムをエディタに入力してください。

　「File」をクリックし、「Save As...」を選びます。ファイル名をhello_world.pyとして保存してください。Pythonのファイル名には末尾に .py (拡張子) を付けます。ファイルを保存したら、「Run」（IDLEエディタのメニューバー左上にあります）をクリックし、「Run Module」を選びます。代わりにF5キーを押しても、「Run Module」を実行できます。まるで自分で入力したように Hello, World! と対話シェルに表示されましたか？ これからは、保存したプログラムを使って、好きなときに何度でも Hello, World! と表示できるようになりました。

　今回 .py 拡張子付きのファイル名で作成したプログラムは、「Save」操作を行ったコンピューターに置かれています。今回はhello_world.pyとしましたが、ファイル名は好きなように付けてかまいません。この例のように、Pythonでプログラムを書くというのは、エディタで入力したテキストをファイルに保存して、対話シェルで実行することでした。簡単ですね？

例題プログラムを実行する

　この本では、コード例とその実行結果がどのように表示されるかを提示していきます。コード例が出てきたら、実際に入力して、自分で実行してみてください。

　短い例であれば、対話シェルで実行すればよいでしょう。一方、長いプログラムを保存したり編集したりしたい場合は、テキストエディタを利用します。対話シェルで入力ミスなど間違った入力をすると、そのコードは動かず、対話シェルにもう一度すべて入力し直す必要があります。テキストエディタ

第2章　さあ、はじめよう！

を利用して、書いたコードを保存しておけば、間違えたときに簡単に修正して再実行できます。

　もう1つ大切な違いがあります。対話シェルで書いて実行するのと、ファイルに書いて実行するのとでは、たとえ同じコードでも実行結果が違います。対話シェルに100と入力しEnterキーを入力すると、対話シェルには 100 と表示されます。.pyファイルに100と書いてこのファイルを実行しても、何も表示されません[訳注2]。この違いは今後も混乱の原因になるかもしれません。もし、例の通りに実行して出力結果が異なっていたら、プログラムをどこで実行しているのかに注意してみてください。

用語集

プログラミング：コンピューターを動かす指示を書くこと

コード：プログラマーがコンピューターを動かすために書く指示のこと

低水準言語：高水準言語に比べ、バイナリ（0と1）を直接書くのにかなり近いプログラミング言語のこと

アセンブリ言語：大変読みにくいプログラミング言語のこと

高水準言語：人が読みやすく、低水準言語と比べ英語に近いプログラミング言語のこと

Python：読みやすいオープンソースのプログラミング言語。この本を読むと学べる。Guido van Rossumが開発した言語で、イギリスのコメディグループであるモンティ・パイソンから名前が付けられた

チャレンジ

1. Hello, World! 以外の何かを画面に表示しよう。

解答：http://tinyurl.com/noeujfu

[訳注2]　プログラミングの説明ではよく、「プログラムに何かを入力して、何かを出力する」といった言い方をします。この例では、プログラムでは入力を受けずに、画面に文字列が出力（表示）されています。本書では、ほとんどの場合、入力はキーボードで、出力は画面です。しかし、プログラムによっては、ファイル、ネットワーク、バーコードリーダー、プリンターなど、さまざまなデバイスを入出力に利用できます。

PART 1

第 **3** 章

プログラミング入門

その仕事は、私が知る中で、エンジニアとアーティストの両方でいられる唯一の場所だ。そこには、途方もなく、厳格で、専門的な要素がある。その非常に明瞭な思考が必要とされるところが、私は好きだ。同時に、著しく創造的な側面もある。そこでは想像力の殻こそが本当の限界である。
——**Andy Hertzfeld（アンディ・ハーツフェルド）**

　最初のプログラムで Hello, World!を出力しました。ではこれを100回やってみましょう。以下のコードを対話シェルに入力してください。 print の行はちょうど4つのスペースで字下げ（インデント）が必要です[訳注1]。

```
1  # http://tinyurl.com/h79ob7s
2
3  for i in range(100):
4      print("Hello, World!")
```

　Hello, World!がシェルに100回表示されましたか？ 今後、画面に100回も Hello, World!を表示したいシーンはないと思いますが、この例はプログラミングの強力さを示しています。こんなにも簡単に100回実行できるものをほかに思い付きますか？ ないですよね。これこそが、プログラミングの力です。

コード例

　ここから先では、コードとその実行結果を次のように例示していきます。

[訳注1] 文字を入力する際は、半角／全角に注意してください。日本語で入力しているものや明記しているもの以外は、半角英数字で入力します。
コード例は、一般的なPythonコードのコーディングスタイルとなるよう、改行位置を調整しています。このため、原著のコード例とは行番号が異なっています。

第3章　プログラミング入門

```
1    # http://tinyurl.com/h4qntgk
2
3    for i in range(100):
4        print("Hello, World!")
```

>> Hello, World!
>> Hello, World!
>> Hello, World!
...

　# http://tinyurl.com/h4qntgk という部分は、そのコード例が置かれているウェブページのURLです。コードをうまく実行できないなど困ったときには、このURLのページを開いて、コードをIDLEエディタにコピー&ペーストして実行してください。

　コードを実行すると、上記例のように Hello, World! といった文字列がシェルに出力される場合があります。本書では、この出力を表す場合、>>という記号のあとに実際に出力される文字列を書きます。本書のコードのあとに >> があったら、それはプログラム実行後の対話シェルに画面出力された文字列だ、というふうに読んでください。 ... は省略記号で、「以下に続く」という意味です。

　コード例のあとに >> がなかったら、それはプログラムが何も画面に出力しなかったか、あるいは、単にコンセプトを紹介するだけのコードで出力は重要ではないかです。

　Courier New フォントで書かれた部分は、コードの一部か出力、あるいはプログラミング用語です。たとえば、前の例で出てきた単語 for を参照する場合、その単語を Courier New フォントで書いています。

　Courier New は固定幅（すべての文字が同じ幅）のフォントで、プログラムを画面に表示するときによく使われます。どの文字も同じ文字幅で縦にきれいに整列するため、インデントやコードの表示において見やすいフォントです。

　コード例は、対話シェルから、あるいは .pyファイルから実行できます。先に伝えたように、シェルの画面出力内容が本書の出力例とちょっと違っているのであれば、次のことに気を付けてください。もし、printとコード例に書いていないのに画面に出力される実行例となっているなら、それは対話

17

シェルに書いて実行するべきです。もし、printとコード例に書いてあるのなら、それは .pyファイルに保存して実行するべきでしょう。

コメント

コメントは、コード中の1行（または行の一部）に書かれた英語などの自然言語で、ある記号以降の文字列をコードではないとみなします。記号はプログラミング言語によって異なりますが、Pythonでは # 記号がコメントの始まりを表します。

コメントは、前後の行のコードが何をするのかを説明します。プログラマーは、誰かがコードを読んだとき、そこで何をしているのか理解しやすいように、コメントを残します。コメントには、1行に収まる範囲であれば何でも書けます。

```
1  # http://tinyurl.com/hut6nwu
2
3  # これはコメントです
4  print("Hello, World!")
```

>> Hello, World!

コードを読んでも何をしているのか不明確な場合に、コメントで説明を書きます。コメントは控えめに使ってください —— すべての行にコメントを付けたりしないで —— コメントは特別な状況のために使います。以下は、良くないコメントの例です。

```
1  # http://tinyurl.com/jpzlwqq
2
3  # print Hello, World!
4  print("Hello, World!")
```

このコメントが不要な理由は、コード自体によって何をしているのか明確に表されているからです。以下は良いコメントの例です。

```
1  # http://tinyurl.com/z52c8z8
2
```

18

第3章 プログラミング入門

```
3  import math
4
5  # 対角線の長さ
6  l = 4
7  w = 10
8  d = math.sqrt(l**2 + w**2)
```

このコードでどのような計算が行われるのか正確に理解できるとしても、
それが長方形の対角線の長さを計算する数式だとは分からないかもしれませ
ん。そんなとき、上記のようなコメントがあると役に立ちます。

出力

printは、Hello, World!専用ではありません。出力したい文字列をク
ォート（"）で囲めば、好きな文字列を画面に出力できます。

```
1  # http://tinyurl.com/zh5g2a3
2
3  print("Python")
```

>> Python

```
1  # http://tinyurl.com/hhwqva2
2
3  print("こんにちは!")
```

>> こんにちは!

行

Pythonのプログラムは行単位で解釈されます。以下のプログラムを見て
みましょう。

```
1  # http://tinyurl.com/jq2w5ro
2
```

19

```
3    # line1
4    # line2
5    # line3
```

　これで実質3行のコード（line1、line2、line3）です。各行には行番号が
あり、IDLEなどのエディタを利用するときに行番号を活用できます。IDLE
では、メニューの「Edit」から「Go to Line」を選んで表示したい行番号
を入力すると、その行にカーソルが移動します。

　IDLEの対話シェルには、一度に1行ずつプログラムを入力してください。
ペースト機能で一度に複数行を貼り付けても、2行目以降は無視されてしま
い、期待したような動作になりません。

　コードが長くなって複数行になってしまったら、三重クォート（"""）で
囲んだり、丸カッコ（( )）、波カッコ（{ }）、角カッコ（[ ]）で囲めば、改
行して複数行で書くこともできます。

```
1    # http://tinyurl.com/zcdx3yo
2
3    print("""これは、とても、とても、
4         とても、とても長い複数行の
5         コードです。""")
```

　次の例のように、行末にバックスラッシュ（\）[訳注2] を使うことで、普通
はできない、次の行に続きを書くこともできます。

```
1    # http://tinyurl.com/hjcf2sa
2
3    print\
4    ("""これは、とても、とても、とても、
5    とても長い複数行のコードです。""")
```

　この例と前の例の実行結果は同じ出力になります。バックスラッシュを入
れることで（"""これは、とても、とても、とても、とても長い複数行のコー
ドです。"""）を print の次の行に書けます。バックスラッシュがなければ
別の行には書けません。

[訳注2]　日本語キーボードでは ¥ 記号を使います。記号の見た目は異なりますが、同じものです。

第 3 章　プログラミング入門

キーワード

　Pythonのようなプログラミング言語には特別な意味を持つ単語があります。これを **キーワード** [訳注3] と呼びます。キーワードはこれまでにも登場していて、たとえばコードを複数回実行するときに使った for もキーワードです。本章を通して、ほかのキーワードについても学んでいきます。

スペース

　Hello World!を100回表示するコード例を、もう一度見てみましょう。

```
1   # http://tinyurl.com/glp9xq6
2
3   for i in range(100):
4       print("Hello, World!")
```

　少し前に説明したように、print は4つのスペースでインデントされています。この意味を簡単に説明すると、インデントはPythonにコードブロック（コードの塊）の開始と終了を伝えるために使います。これから出てくるコード例にインデントがあったら、1段のインデントにスペースを4つ使っている、ということに注目してください。正しくスペースを入れないと、プログラムは動作しないでしょう。

　別のプログラミング言語ではスペースでコードブロックの開始と終了を伝えません。キーワードを使ったり、波カッコを使ったりします。先ほどのコード例をJavaScriptで書くと次のようになります。

```
1   # http://tinyurl.com/hwa2zae
2
3   # これは JavaScript で書いたプログラムです。
4   # Python では動作しません。

5   for (i = 0; i < 100; i++) {
6       console.log("Hello, World!");
7   }
```

....

[訳注3]　キーワードを予約語とも言います。Pythonでは、予約語とキーワードは同じですが、ほかの言語では異なる場合があります。

21

Pythonを支持する人たちは、スペースを使ったインデントのおかげで、ほかの言語よりも読み書きしやすくなっている、と考えています。先ほどのJavaScriptの例のように、スペースによるインデントがプログラミング言語の一部ではない場合でも、プログラマーはコードを読みやすくするためにスペースを入れます。

データ型

　Pythonでは、データを性質でグループ分けしたものを**データ型**と呼びます。Pythonのデータ、たとえば 2 や "Hello, World!" のような値は**オブジェクト**と呼ばれます。第2部ではオブジェクトについて詳しく学びますが、Pythonにおいてオブジェクトというのは、同一性、データ型、値、という3つの要素があると考えてください。

　オブジェクトの同一性はコンピューターのメモリーのどこに格納されているかで決まり、これは変化しません。オブジェクトのデータ型は、データがどんな性質[訳注4]を持っているかでグループ分けしたものです。データ型が持つ性質も変化することはありません。オブジェクトの値というのは、それが表すデータです。2という数値を表すオブジェクトの値は 2 です。

　"Hello, World!" は str（string：**文字列**の省略形）というデータ型のオブジェクトで、その値は Hello, World!です。このstrデータ型のオブジェクトのことを通常「文字列」と呼びます。文字列は、1つ以上の文字の羅列で[訳注5]、クォートで囲まれています。**文字** は a や 1 のような、1つの記号です。クォートとしてシングルクォート（'）かダブルクォート（"）を使えますが、開始時のクォートと終了時のクォートは、揃える必要があります。

```
1    # http://tinyurl.com/hh5kjwp
2
3    "Hello, World!"
```

>> 'Hello, World!'

....

[訳注4]　性質とは、数値なら四則演算できるとか、文字列なら長さを持っているといったことです。プログラミングでは、こういった性質のことを属性と言います。
[訳注5]　空文字列という、1つも文字を含まない文字列もあります。

第3章　プログラミング入門

```
1    # http://tinyurl.com/heaxhsh
2
3    'Hello, World!'
```

>> 'Hello, World!'

　文字列は文章を表現するのに使われ、独特な性質を持っています。

　前のセクションで数値計算に使った数値もまた、オブジェクトです。文字列とは異なる種類のオブジェクトです。すべての整数（1，2，3，4、など）は**int**データ型（integer：**整数**の省略形）です。文字列のように、整数も独特な性質を持っています。たとえば、2つの整数はかけ算できますが、2つの文字列はかけ算できません。

　小数（小数点を含む数値）は**float**データ型で、2.1，8.2，9.999 はすべて float データ型のオブジェクトです。これは**浮動小数点数**と言います。ほかのデータ型と同様、浮動小数点数にも独特な性質があり、ある意味ではその動作は整数に似ています。

```
1    # http://tinyurl.com/guoc4gy
2
3    2.2 + 2.2
```

>> 4.4

　ブール値のオブジェクトは **bool**データ型で、値は True か False のみです。

```
1    # http://tinyurl.com/jyllj2k
2
3    True
```

>> True

```
1    # http://tinyurl.com/jzgsxz4
2
3    False
```

>> False

　NoneTypeデータ型のオブジェクトは、常に1つの値しかありません。それが **None**です。これは、値が存在しないことを表現するために使われます。

23

```
1   # http://tinyurl.com/h8oqo5v
2
3   None
```

この章を通して、さまざまなデータ型の使い方について説明していきます[訳注6]。

定数と変数

Pythonで電卓みたいに算数の計算もできます。足し算、引き算、かけ算、割り算、累乗、ほかにもまだあります。この節の例をすべて対話シェルで実行してみてください。

```
1   # http://tinyurl.com/zs65dp8
2
3   2 + 2
```

>> 4

```
1   # http://tinyurl.com/gs9nwrw
2
3   2 - 2
```

>> 0

```
1   # http://tinyurl.com/hasegvj
2
3   4 / 2
```

>> 2.0

```
1   # http://tinyurl.com/z8ok4q3
2
3   2 * 2
```

>> 4

....

[訳注6] Pythonのデータ型については、以下が参考になります。
　　　　http://pycamp.pycon.jp/textbook/3_types.html

定数 とは、絶対に変わらない値のことです。先ほどのコード例に出てきた数値はすべて定数です。2という数字は常に 2 です。これに対して、**変数**が参照している値は変わる可能性があります。変数というのは名前を持っていて、その名前は1文字以上の文字の集まりで構成されています。この名前に**代入演算子**（＝）を使って値を割り当てると、変数になります。

プログラミング言語によっては、変数のデータ型が何であるかという「宣言」を求めるものもあります。たとえば、C言語では以下のように変数定義をします。

```
1   # 実行しないでください
2
3   int a;
4   a = 144;
```

Pythonはこれをもっとシンプルにしました。変数は、代入演算子を使って値を割り当てられたときに作られます。

```
1   # http://tinyurl.com/hw64mrr
2
3   b = 100
4   b
```

>> 100

変数の値を変えるには以下のように実行します。

```
1   # http://tinyurl.com/hw97que
2
3   x = 100
4   x
5
6   x = 200
7   x
```

>> 100
>> 200

同様に、2つの変数で計算できます。

25

```
1   # http://tinyurl.com/z8hv5j5
2
3   x = 10
4   y = 10
5   z = x + y
6   z
7   a = x - y
8   a
```

>> 20

>> 0

　プログラミングではよく、変数の値を**インクリメント**（増加）させたり、**デクリメント**（減少）させたりします。変数の値をインクリメントするには、その変数に1を足す式をその変数自身に再代入します。

```
1   # http://tinyurl.com/zvzf786
2
3   x = 10
4   x = x + 1
5   x
```

>> 11

　変数をデクリメントするには、先ほどと同じように書きますが、足し算の代わりに引き算を書きます。

```
1   # http://tinyurl.com/gmuzdr9
2
3   x = 10
4   x = x - 1
5   x
```

>> 9

　上記のコード例は正しく動作しますが、もっと簡単に書く方法があります。
　変数の値を変化させる操作は一般的なので、Pythonには短縮された文法があります。

第3章 プログラミング入門

```
1  # http://tinyurl.com/zdva5wq
2
3  x = 10
4  x += 1
5  x
```

>> 11

```
1  # http://tinyurl.com/jqw4m5r
2
3  x = 10
4  x -= 1
5  x
```

>> 9

　変数に割り当てられるのは、整数（int 値）だけに限りません。ほかの
どんなデータ型も割り当てられます。

```
1  # http://tinyurl.com/jsygqcy
2
3  hi = "Hello, World!"
```

```
1  # http://tinyurl.com/h47ty49
2
3  my_float = 2.2
```

```
1  # http://tinyurl.com/hx9xluq
2
3  my_boolean = True
```

　変数名には自由な名前を付けられますが、以下の4つのルールには従わな
ければいけません。

1. 変数名にはスペース（空白文字）を含められません。もし2つの単語を1

27

つの変数名に含めたければ、アンダースコア（ _ ）を単語の間に置くと良いでしょう。

例：my_variable = "A string!"

2. 変数名には文字、数値、アンダースコア記号、の3種類の文字だけを含められます。

3. 変数名の1文字目に数字は使えません。しかし1文字目にアンダースコアは使えます。アンダースコアで始まる変数名には特別な意味があります。後ほどその意味を紹介するので、それまでは使わないようにしましょう。

4. Pythonのキーワードは変数名に使えません。キーワードの一覧は以下にあります。

https://docs.python.org/ja/3/reference/lexical_analysis.html#keywords

構文

構文（シンタックス）は、ある言語において、単語の順序で文章の構造を支配する、一連の規則、原則、処理です[注1]。英語に構文があるように、Pythonにも構文があります。

Pythonでは、文字列は必ずクォートで囲まれています。これがPythonにおける構文の一例です。以下の例は有効なPythonプログラムです。

```
1  # http://tinyurl.com/j7c2npf
2
3  print("Hello, World!")
```

この例は、Pythonの構文に従い、文字列をクォート記号で囲んで str 型の値を定義しています。クォート記号を片方しか書かなかった場合には、Pythonの構文に違反するので、プログラムは動作しません。

....

[注1] https://en.wikipedia.org/wiki/Syntax
日本語では 以下を参照。
https://ja.wikipedia.org/wiki/Category:プログラミング言語の構文

第3章　プログラミング入門

エラーと例外

　Pythonプログラムを書いているときにPythonの構文に従わないと、プログラム実行時にエラーが発生します。このとき、プログラムが動作しなかったことと、どんなエラーが起きたのかを、Pythonのシェルが表示してくれます。試しに、文字列リテラルのクォートを片方付け忘れたときに、どんなエラーが表示されるか見てみましょう。

```
1  my_string = "Hello World.
```

>> File "/Users/coryalthoff/PycharmProjects/se.py", line 1
    my_string = "Hello World.
                             ^
SyntaxError: EOL while scanning string literal

　このメッセージは、プログラム中に**構文エラー**（SyntaxError）があることを伝えています。構文エラーは致命的です。構文エラーがあるままではプログラムを実行できません。構文エラーがあるプログラムを実行すると、Pythonはエラーがあることを教えてくれます。メッセージには、どのファイルのどの行に問題があるか、そしてそれはどんなエラーなのかが書かれています。このエラーが表示されると恐ろしく感じるかもしれませんが、これはよく起きるエラーです。

　プログラムにエラーがあったら、エラーメッセージに表示されたファイルの行番号を確認して、そこで何を間違えたのか確認しましょう。この例では、コードの最初の行に移動します。その行をしばらく見て考えていると、突然、そこにクォートが片方しかないことに気付くでしょう。このエラーを直すには、文字列の最後にもクォートを書いて、プログラムをもう一度実行します。

　それではエラーの読み方についてもう少し見て行きましょう。

>> SyntaxError: EOL while scanning string literal [訳注7]

[訳注7]　「文字列の終わりを探していたらEOL（エンドオブライン、行末）に到達した」という意味です。

29

分かりやすいように、エラーメッセージの最後の行だけを掲載しています。

Pythonには2種類のエラーがあります。構文エラー（Syntax Error）と**例外**（Exception）です。構文エラーでないエラーはすべて 例外 です。たとえば、ZeroDivisionError は、ゼロで割り算したときに発生する例外です。

構文エラーと違って、例外は致命的ではありません。つまり、例外が起きることを想定してプログラムを書いていれば、例外が起きてもプログラムを実行し続けられます（詳しくは次の章で学んでいきます）。

例外が発生すると、Pythonプログラマーは「Pythonが例外を投げた」「プログラムが例外を起こした」などと言います。次のコードはゼロで割り算する例です。

```
1   # http://tinyurl.com/jxpztcx
2
3   # This code has an error.
4
5   10 / 0
```

>> ZeroDivisionError: division by zero

また、コードのインデントを間違えると、IndentationError が発生します。

```
1   # http://tinyurl.com/gtp6amr
2
3   # This code has an error.
4
5   y = 2
6           x = 1
```

>> IndentationError: unexpected indent

プログラムについて学んでいくと、頻繁に構文エラーや例外（本書で紹介しないものも含めて）に遭遇しますが、学習が進むにつれて減っていくでしょう。構文エラーや例外が起きたら、プログラムの当該行を確認することを忘れないでください。そして解決方法を見つけてください。もしどうしても原因が分からなかったら、インターネットでエラーの原因を調べてください。

第3章　プログラミング入門

算術演算子

　少し前に、Pythonで 4 / 2 のような単純な算数の計算をしました。ここで使った記号は**演算子**（あるいは、**オペレーター**）と言います。Pythonでは、演算子を複数のカテゴリで呼び分けていて、割り算のような算数の計算をする演算子を**算術演算子**と言います。次の表は、Pythonの一般的な算術演算子の一覧です。

演算子	意味	例	評価結果
**	累乗	2 ** 3	8
%	割り算の余り（剰余）	14 % 4	2
//	整数の割り算、切り捨て	13 // 8	1
/	割り算（除算）	13 / 8	1.625
*	かけ算（積算）	8 * 2	16
-	引き算（減算）	7 - 1	6
+	足し算（加算）	2 + 2	4

　2つの数字を割り算して、商と余りを計算してみましょう。商は割り切れた数で、割り切れなかった残りが余りです。剰余演算子（モジュロ）が余りを計算します。たとえば 13 を 5 で割った結果は、商が 2 で余りが 3 です。

```
1  # http://tinyurl.com/grdcl95
2
3  13 // 5
```

>> 2

```
1  # http://tinyurl.com/zsqwukd
2
3  13 % 5
```

>> 3

　2 を剰余計算に使うと、余りがなければ偶数、余りがあれば奇数です。

```
1  # http://tinyurl.com/jerpe6u
2
3  # 偶数
4  12 % 2
```

31

>> 0

```
1  # http://tinyurl.com/gkudhcr
2
3  # 奇数
4  11 % 2
```

>> 1

割り算には2つの演算子があります。1つが // で、これは商を返します。

```
1  # http://tinyurl.com/hh9fqzy
2
3  14 // 3
```

>> 4

もう1つは / で、演算子の左の数字を右の数字で割り、このとき小数点数として計算します。

```
1  # http://tinyurl.com/zlkjjdp
2
3  14 / 3
```

>> 4.666666666666667

数値を累乗する計算もできます。

```
1  # http://tinyurl.com/h8vuwd4
2
3  2 ** 3
```

>> 8

演算子の前後に書く値（この例では数値）は **被演算子**（あるいは、**オペランド**）と言います。2つの被演算子と1つの演算子があれば、それを **式**（expression）と言います。プログラムを実行したとき、Pythonが式それぞれを評価して、それぞれの式に対して1つの値を返します。2 + 2と対話シェルに入力したとき、Pythonはその式を評価して 4 という値を返します。

演算子の優先順位は、数式を評価するときに使われる計算順序のルールで

す。Please Excuse My Dear Aunt Sally? という言葉を知っていますか？その頭文字は演算子の優先順位を暗記するのに役立ちます[訳注8]。つまり、Parentheses（カッコ）、Exponents（累乗）、Multiplication（かけ算）、Division（割り算）、Addition（足し算）、Subtraction（引き算）の順番です。カッコは累乗より優先順位が高く、累乗はかけ算と割り算よりも優先されます。そして、優先順位が一番低いのが、足し算と引き算です。優先順位が同順の演算子が並んだ場合は、たとえば 15 / 3 × 2 のような数式の場合、左から順番に評価されます。この例では、15 を 3 で割って、それから 2 をかけます。Pythonはこの一般的な計算順序に従って数式を評価します。

```
1   # http://tinyurl.com/hgjyj7o
2
3   2 + 2 * 2
```

>> 6

```
1   # http://tinyurl.com/hsq7rcz
2
3   (2 + 2) * 2
```

>> 8

前者の例では、かけ算の演算子が足し算の演算子より優先されます。そのため、2 * 2 が先に評価されます。

後者の例では、Pythonが常にカッコで囲まれた式の評価を優先するため、(2 + 2) が先に評価されます。

比較演算子

比較演算子は、算術演算子と同様に、2つの被演算子と1つの演算子で1つの式を表わします。Pythonでは、比較演算子は算術演算子とは別のカテゴリです。それらの違いは、比較演算子を使った式が True か False のどちらかしか返さないことです。

....

[訳注8] 日本では、演算子の優先順位を暗記する一般的な略語などはないようです。

演算子	意味	例	評価結果
>	より大きい	100 > 10	True
<	より小さい	100 < 10	False
>=	以上	2 >= 2	True
<=	以下	1 <= 4	True
==	等価（同じ値か）	6 == 9	False
!=	非等価（違う値か）	3 != 2	True

　演算子 > の左の数値が右の数値よりも大きければ、この式は True を返します。そうでなければ、False を返します。

```
1  # http://tinyurl.com/jm7cxzp
2
3  100 > 10
```

>> True

　演算子 < の左の数値が右の数値よりも小さければ、この式は True を返します。そうでなければ、False を返します。

```
1  # http://tinyurl.com/gsdhr8q
2
3  100 < 10
```

>> False

　演算子 >= の左の数値が右の数値以上であれば、この式は True を返します。そうでなければ、False を返します。

```
1  # http://tinyurl.com/jy2oefs
2
3  2 >= 2
```

>> True

　演算子 <= の左の数値が右の数値以下であれば、この式は True を返します。そうでなければ、False を返します。

第3章　プログラミング入門

```
1  # http://tinyurl.com/jk599re
2
3  2 <= 2
```

>> True

　演算子 == の左の数値と右の数値が同じ値であれば、この式は True を返
します。そうでなければ、False を返します。

```
1  # http://tinyurl.com/j2tsz9u
2
3  2 == 2
```

>> True

```
1  # http://tinyurl.com/j5mr2q2
2
3  1 == 2
```

>> False

　演算子 != の左の数値と右の数値が異なる値であれば、この式は True を
返します。そうでなければ、False を返します。

```
1  # http://tinyurl.com/gsw3zoe
2
3  1 != 2
```

>> True

```
1  # http://tinyurl.com/z7pffk3
2
3  2 != 2
```

>> False

　先に紹介した通り、x = 100 のように、= は数値を変数に割り当てるた
めに使います。これを読むときに頭の中で「xは100に等しい」と読みたく
なるかもしれませんが、やめておきましょう。= は値を変数に割り当てるた
めに使いますが、xが100かのチェックはしません。 x = 100 というコー

35

ドを見たら、「xに100が代入された」と読むべきです。

比較演算子 == は値の検証に使われるので、x == 100 というコードを
見たら、それは「xが100と同じかどうか」と考えましょう。

論理演算子

論理演算子 は、比較演算子と同様に True か False のどちらかを返します。

演算子	意味	例	評価結果
and	かつ	True and True	True
or	あるいは	True or False	True
not	否定	not True	False

and はPythonのキーワードで、and の左右に与えられた式が True と評
価される場合に True を返します。どちらかが False と評価された場合、
False を返します。

```
1   # http://tinyurl.com/zdqghb2
2
3   1 == 1 and 2 == 2
```

>> True

```
1   # http://tinyurl.com/zkp2jzy
2
3   1 == 2 and 2 == 2
```

>> False

```
1   # http://tinyurl.com/honkev6
2
3   1 == 2 and 2 == 1
```

>> False

36

第3章　プログラミング入門

```
1   # http://tinyurl.com/zjrxxrc
2
3   2 == 1 and 1 == 1
```

\>> False

and キーワードは1つの文に複数回使えます。

```
1   # http://tinyurl.com/zpvk56u
2
3   1 == 1 and 10 != 2 and 2 < 10
```

\>> True

or キーワードは、orの左右に与えられた式どちらかが True と評価されれば True を返します。

```
1   # http://tinyurl.com/hosuh7c
2
3   1 == 1 or 1 == 2
```

\>> True

```
1   # http://tinyurl.com/zj6q8h9
2
3   1 == 1 or 2 == 2
```

\>> True

```
1   # http://tinyurl.com/j8ngufo
2
3   1 == 2 or 2 == 1
```

\>> False

```
1   # http://tinyurl.com/z728zxz
2
3   2 == 1 or 1 == 2
```

\>> False

37

and と同様に、or キーワードは1つの文に複数回使えます。

```
1   # http://tinyurl.com/ja9mech
2
3   1 == 1 or 1 == 2 or 1 == 3
```

>> True

この式は 1 == 1 が True なので、残りのほかの式が False と評価され
たとしても、最終的な評価は True になります。

not キーワードは式の前に書いて、その式の評価結果を逆転します。た
とえば、True と評価される式の前に not を書くと、最終的な評価は
False になります。

```
1   # http://tinyurl.com/h45eq6v
2
3   not 1 == 1
```

>> False

```
1   # http://tinyurl.com/gsqj6og
2
3   not 1 == 2
```

>> True

条件文

if 、elif 、そして else のキーワードは**条件文**に使用します。条件文
は**制御構造**の1つで、与えられた変数の値で実行を判断するコードの塊（ブ
ロック）です。条件文は、与えられた条件によって追加の処理を実行します。
次のコードは、条件文がどのように動作するかを表した**擬似コード**（コード
のような書き方で例示して、使い方を表すもの）です。

```
1   # 実行しないでください
2
3   もし（式）なら
4       （コード群1）
```

38

```
5    そうでなければ
6        (コード群2)
```

この擬似コードは、2つの実行コードを条件によって切り替えられること
を表しています。最初の 式 が True に評価される場合、コード群1 に書か
れたコードがすべて実行されます。反対に、最初の 式 が False に評価さ
れれば、コード群2 に書かれたコードがすべて実行されます。

この、式 が書かれている「もし」の行を**if文**と言います。「そうでなけれ
ば」の部分は **else文**です。両方を合わせて**if-else文**と呼ぶこともあり、プロ
グラマーはよく「もしこうなったら、これを実行、そうでなければ、こっち
を実行」などと話します。

次の例はPythonでif-else文を使ったコード例です。

```
1    # http://tinyurl.com/htvy6g3
2
3    home = "アメリカ"
4    if home == "アメリカ":
5        print("Hello, America!")
6    else:
7        print("Hello, World!")
```

>> Hello, America!

4行目-5行目がif文の使い方です。 if文は if キーワードで始まって、直
後に書く 式 の最後に : (コロン) を書き、その式が True だった場合に実
行したい1行以上のコードブロックをインデントして書きます。

6行目-7行目は、else文の使い方です。 else文は else キーワードで始ま
って、直後にコロン (:) を書き、if文の式が False だった場合に実行した
い1行以上のコードブロックをインデントして書きます。

両方合わせて、if-else文で覚えると良いでしょう。この例では Hello,
America! と出力されていますが、これはif文にある式が True と評価さ
れているからです。もし home に 日本 という文字列を代入していれば、式
は False に評価されるので、else文のコードが実行され、画面には
Hello, World! と表示されます。

```
1   # http://tinyurl.com/jytyg5x
2
3   home = "日本"
4   if home == "アメリカ":
5       print("Hello, America!")
6   else:
7       print("Hello, World!")
```

>> Hello, World!

if文だけでも使えます。

```
1   # http://tinyurl.com/jyg7dd2
2
3   home = "アメリカ"
4   if home == "アメリカ":
5       print("Hello, America!")
```

>> Hello, America!

今度は複数のif文を書いてみましょう。

```
1   # http://tinyurl.com/z24ckye
2
3   x = 2
4   if x == 2:
5       print("数値は2です。")
6   if x % 2 == 0:
7       print("数値は偶数です。")
8   if x % 2 != 0:
9       print("数値は奇数です。")
```

>> 数値は2です。
>> 数値は偶数です。

　どのif文も、与えられた式の評価結果が True のときにインデントされた
コードが実行されます。この例では、最初のif文2つが True に評価される
ので、そこにあるコードが実行されます。しかし、3つ目は False と評価
されるので、その中のコードは実行されません。

40

第3章　プログラミング入門

　もしちょっと凝ったことをやってみたいなら、if文のブロック内にif文 を書いてしまう、なんてこともできます（これを「ネストした」とか「入れ子の」などと呼びます）。

```
1   # http://tinyurl.com/zrodgne
2
3   x = 10
4   y = 11
5
6   if x == 10:
7       if y == 11:
8           print(x + y)
```

>> 21

　この例では、x + y の結果が画面に出力されるのは2つのif文が両方ともTrue に評価されたときです。ところで、else文は単独では使えません。else文は if-else文の最後に一度だけ使える決まりです。

　if-else文に使えるキーワードがもう1つあります。 elif というキーワードを使って**elif文**を書くと、それは「あるいはもし」という意味になります。これは if-else文に別の条件分岐も追加したいときに使います。

　if-else文にelif文を含めた場合、最初にif文が評価されます。もしif文の式が True に評価されたら、そのブロックだけが実行されます。しかしもし、False に評価されたら、次に書かれた elif文が順番に評価されていきます。elif文に書かれた式が True だったら、そのelif文のコードブロックが実行され、それ以降のelif文は評価もされません。もし、どのelif文も True でなかった場合、else文のコードブロックが実行されます。

　次のコードは、elif文があるif-else文の例です。

```
1   # http://tinyurl.com/jpr265j
2
3   home = "タイ"
4   if home == "日本":
5       print("Hello, Japan!")
6   elif home == "タイ":
7       print("Hello, Thailand!")
8   elif home == "インド":
9       print("Hello, India!")
10  elif home == "中国":
```

41

```
11     print("Hello, China!")
12 else:
13     print("Hello, World!")
```

>> Hello, Thailand!

　次のコードは、どのelif文も True に評価されなかった場合の例です。この場合、else文が実行されます。

```
1   # http://tinyurl.com/zdvuuhs
2
3   home = "火星"
4   if home == "アメリカ":
5       print("Hello, America!")
6   elif home == "カナダ":
7       print("Hello, Canada!")
8   elif home == "タイ":
9       print("Hello, Thailand!")
10  elif home == "メキシコ":
11      print("Hello, Mexico!")
12  else:
13      print("Hello, World!")
```

>> Hello, World!

　最後の例はif文やelif文をコードに何度も書いた例です。

```
1   # http://tinyurl.com/hzyxgf4
2
3   x = 100
4   if x == 10:
5       print("10!")
6   elif x == 20:
7       print("20!")
8   else:
9       print("分かりません!")
10
11  if x == 100:
12      print("xは100!")
13
14  if x % 2 == 0:
15      print("xは偶数!")
```

42

```
16  else:
17      print("xは奇数!")
```

\>> 分かりません!

\>> xは100!

\>> xは偶数!

文

文というのは技術用語で、Python言語のいろいろな要素を指しています。Pythonの文を命令とか計算と捉えることもできます。この節では、文の構文について詳しく見ていきます。これから説明することは、最初は混乱するかもしれませんが、これからPythonを学んでいけば徐々に感覚が磨かれていって、最終的にはほかのプログラミング言語のコンセプトを理解するときの助けになるでしょう。

Pythonには2種類の文があります。**単純文**と**複合文**です。単純文は1行のコードで表現されますが、複合文は通常複数の行で表現されます。

次のコードは単純文の例です。

```
1  # http://tinyurl.com/jrowero
2
3  print("Hello, World!")
```

\>> Hello, World!

```
1  # http://tinyurl.com/h2y549y
2
3  2 + 2
```

\>> 4

if文 、if-else文 、そしてこの章で最初に書いた Hello, World! を100回画面に出力する例はすべて複合文です。

複合文は、1つ以上の**節**で構成されます。1つの節は2行以上のコードで、1行の**ヘッダー**部分と、それに続く**スイート**部分で構成されています。

ヘッダーは、**キーワード**が含まれる1行のコードです。行の最後にコロン

があり、インデントされた1行以上のコードが次の行に続きます。インデントのあとには1つ以上のスイートが続きます。1つのスイートは1行のコードだけで構成されます。ヘッダーがスイートを制御します。

次のコードは、Hello, World!を100回画面に出力する、1つの複合文です。

```
1   # http://tinyurl.com/zfz3eel
2
3   for i in range(100):
4       print("Hello, World!")
```

>> Hello, World!
>> Hello, World!
>> Hello, World!
...

プログラムの最初の行はヘッダーです。ヘッダーには for キーワードが含まれています。そして、ヘッダー行の最後はコロンで終わります。ヘッダーの次の行以降にインデントされているブロックがスイートです。ここでは、print("Hello, World!") がスイートです。この例では、ヘッダー部分はスイート部分にある print を100回実行するように制御しています。この例のようなコードをループと言いますが、ループについては第7章で詳しく説明します。このコードには1つの節だけ含まれています。

複合文は複数の節を持つこともあります。すでに紹介した if-else文は、if文にelse文を続けられるので、複数の節を持つ複合文に分類されます。複合文に複数の節を持つとき、ヘッダー節はほかの節とセットで動作します。

if-else文の例では、if文が True に評価された場合、if文のスイートが実行され、else文のスイートは実行されません。if文が False に評価された場合、if文のスイートは実行されず、代わりにelse文のスイートが実行されます。前の節の最後に紹介したコードをもう一度見てみましょう。これは3つの複合文を持つコードでした。

```
1   # http://tinyurl.com/hzyxgf4
2
3   x = 100
4   if x == 10:
```

第3章　プログラミング入門

```
 5      print("10!")
 6  elif x == 20:
 7      print("20!")
 8  else:
 9      print("分かりません!")
10
11  if x == 100:
12      print("xは100!")
13
14  if x % 2 == 0:
15      print("xは偶数!")
16  else:
17      print("xは奇数!")
```

>> 分かりません!

>> xは100!

>> xは偶数!

　最初の複合文は3つの節を持っています。2つ目の複合文は1つの節で、3つ目の複合文は2つの節ですね。

　文について、最後に1つだけ。コード例では、文と文の間に空行を置いているのが分かると思います。この空行はコードの実行になんの影響もありません。文と文の間にある空行は、コードをより見やすくするために使われたりします。

```
 1  # http://tinyurl.com/zlgcwoc
 2
 3  print("Michael")
 4
 5
 6  print("Jordan")
```

>> Michael

>> Jordan

45

用語集

コメント：プログラミング言語に、ここはプログラムではないと伝える書き方。「コメントの開始」として認識される特定の記号があり、コメントは日本語や英語などの自然言語で書かれる。コード中の1行（または行の一部）をコメントに指定でき、その記号でプログラミング言語に「ここから先はコメント」と伝えて、記号以降の文字列を無視させる

キーワード：プログラミング言語に含まれる特別な単語。Pythonのキーワード一覧は以下のページで確認できる。

　https://docs.python.org/ja/3/reference/lexical_analysis.
　html#keywords

データ型：データのカテゴリ

オブジェクト：同一性、データ型、値の3つの属性を持つPythonのデータ

str：文字列のデータ型

文字列：strデータ型のオブジェクト。その値は1つ以上の文字の羅列で、クォートで囲まれている

文字：a や 1 のような1つの記号

int：整数のデータ型

整数：intデータ型のオブジェクト。その値はすべて整数

float：浮動小数点数のデータ型

浮動小数点数：floatデータ型のオブジェクト。その値はすべて小数（小数点を含む数値）

bool：ブール値のデータ型

ブール値：boolデータ型のオブジェクト。その値は True か False のみ

NoneType：Noneオブジェクトのデータ型

None：NoneType型のオブジェクト。その値は常にNone

定数：絶対に変化しない値

変数：代入演算子で値が割り当てられた名前

代入演算子：Pythonでは ＝ 記号

インクリメント：変数の値を増加させること

デクリメント：変数の値を減少させること

構文：シンタックス。ある言語において、単語の順序で文章の構造を支配する、一連の規則、原則、処理

構文エラー：致命的なプログラミングのエラー。プログラミング言語の構文違反で発生する

例外：致命的ではないプログラミングのエラー

演算子：オペレーター。式の中で 被演算子と一緒に使われる記号

算術演算子：算術計算を行うカテゴリの演算子

被演算子：オペランド。演算子の左右にある値

式：演算子の左右に被演算子があるコード

演算子の優先順位：数式を評価するときに使われる計算順序のルール

比較演算子：演算子の一種。比較演算を行う。 True か False のどちらかに評価される

論理演算子：演算子の一種。2つの式を評価して True か False のどちらかを返す

条件文：与えられた値によって、後続のコードブロックを実行するか判断するコード

制御構造：与えられた変数の値で実行を判断するコードの塊（ブロック）

擬似コード：コードのような書き方で例示して、使い方を表すもの

if-else文：プログラマーが「もしこうなったらこれを実行、そうでなければ、こっちを実行」と指示する方法

if文：if-else文の最初の部分

else文：if-else文の2つ目の部分

elif文：if-else文に別の条件分岐を追加するために使う文

文：命令、または計算

単純文：1行のコードで表現される文

複合文：通常複数行のコードで表現される文

節：複合文を構成するブロック。1つの節に2行以上のコード行を持ち、ヘッダーとそれに続く1つ以上のスイートがある

ヘッダー：1つのキーワードが含まれている、1行のコード。行の最後にコロンがあり、1行以上のインデントされたブロックが次の行に続く

スイート：ヘッダー によって制御される節に含まれる1行（以上）のコード

チャレンジ

1. 3つの異なる文字列を出力しよう。
2. 変数が10未満だったらメッセージを出力しよう。10以上だったら、別のメッセージを出力しよう。
3. 変数が10以下だったらメッセージを出力しよう。10より大きく25以下だったら、別のメッセージを出力しよう。25より大きかったらさらに別のメッセージを出力しよう。
4. 2つの値で割り算して、その余りを出力しよう。
5. 2つの値で割り算して、その商を出力しよう。
6. 変数 age に整数を代入し、その age を使ってなにかしらの条件分岐をして、条件に応じてメッセージを出力しよう。

解答：http://tinyurl.com/zx7o2v9

第 3 章　プログラミング入門

メモ欄

PART 1

第 4 章

関数

> 関数は1つのことをすべきである。そのことを徹底すべきだ。たったそれだけのことに特化すべきだ。
> ——**Robert C. Martin**（ロバート・C・マーティン）

　この章では**関数**について学びます。関数とは、入力値を受け取り、命令を実行し、出力値を返すまでの複合文のことです。プログラム内で関数の機能を定義すれば、何度でも再利用できます。

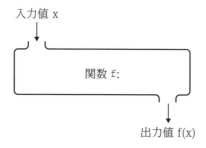

コンセプトを表してみる

　プログラミングのコンセプトを説明するために、ここからは新しい**便宜上のルール**を使います。ここで使うルールの例を以下に示します。

print("[出力したいもの]")

　これは print 関数をどのように利用するかを表しています。
　上記の例では、このコンセプトを説明するために、Pythonコードの中に角カッコ（[ ]）と説明文を組み合わせて書きました。このような例では、角カッコとその中の説明文以外はすべて、Pythonとして正しいコードです。

角カッコと説明文は、正しいコードに置き換えてから実行してください。

　角カッコ内の説明文は、どんなコードに置き換えるべきかのヒントです。Pythonでは、角カッコを実際のプログラムでも使用するので、コードに残す必要がある場合は、角カッコを二重で書くことにします。

関数

　関数を呼び出すというのは、その関数が必要とする入力値を渡し、命令を実行し、出力値を返すことを意味します。関数への入力値を**引数**と呼び、関数に値を渡す時は、「引数を渡す」と言います。

　Pythonの関数は、数学の関数と似ています。代数で扱う関数を忘れてしまった人のために例を示します。

```
1    # 実行しないでください
2
3    f(x) = x * 2
```

　この関数式の左辺には、引数 x が書かれます。式の右辺は関数の定義で、引数 (x) を利用して計算を行い、結果（出力）を返します。この場合、関数の出力値は、関数の引数値 x を2倍した値です。

　Pythonと代数のいずれも、以下の実行式で関数を呼び出します。

[関数名]([カンマで分かれた(複数の)引数])

　関数を呼び出すときは、関数名の後ろに丸カッコ (( )) を付けます。カンマで区切られた引数は、丸カッコの中に入ります。 f(x) = 2 * x のように定義された数学の関数fの場合、f(2) は 4 、f(10) は 20 が出力になります。

関数を定義する

　Pythonで関数を作るということは、関数名を決め、引数を定義し、何をするかを定義し、関数の出力を定義する、ということです。次ページのコードは、関数を定義する構文です。

51

```
1   # 実行しないでください
2
3   def [関数名]([引数]):
4       [関数定義]
```

数学関数 f(x) = x * 2 は、Pythonでは次のようになります。

```
1   # http://tinyurl.com/j9dctwl
2
3   def f(x):
4       return x * 2
```

　def キーワードを使って、これから関数を定義することをPythonに伝え
ています。def の後ろには関数名を書きます。関数名の選び方は、変数名
と同じルールに従います。Pythonの規則として、like_this のように、
関数名に大文字は使わず、単語間はアンダースコアで区切ることをお勧めし
ます。

　関数に名前を付けたら、丸カッコをその後ろに書きましょう。丸カッコの
中には、関数が受け取りたい引数を定義しましょう。

　丸カッコの後ろにはコロンを書いて改行し、（ほかの複合文と同じように）
スペース4つでインデントします。コロンと改行のあとにスペースを4つ入
れると、そこからのコードは関数定義とみなされます。上記の例の場合、関
数定義は return x * 2 のたった1行です。return キーワードは、関数
が呼ばれたときに何を出力するかを定義します。この出力を**戻り値**[訳注1] と
呼びます。

　[関数名]([カンマで区切られた引数]) という実行文で、関数を呼び出し
ます。次のコードは、関数を呼び出す例です。先ほどの例で出てきた f に
引数として 2 を渡しています。

[訳注1] 返り値、返値と呼ぶ場合もあります。

第 4 章　関数

```
1   # http://tinyurl.com/zheas3d
2
3   # 前のコードの続き
4
5   f(2)
```

関数の戻り値を変数に保存し、その変数を print 関数に渡してみましょう。

```
1   # http://tinyurl.com/gspjcgj
2
3   # 前のコードの続き
4
5   result = f(2)
6   print(result)
```

>> 4

あとで関数の出力を使いたければ、関数の戻り値を変数に格納しておきましょう。

```
1   # http://tinyurl.com/znqp8fk
2
3   def f(x):
4       return x + 1
5
6   z = f(4)
7
8   if z == 5:
9       print("z is 5")
10  else:
11      print("z is not 5")
```

>> z is 5

関数の引数は、複数だったり、1つだったり、1つもなかったりします。引数を必要としない関数を定義する場合は、関数定義の際に丸カッコの中には何も書かなければよいのです。

53

```
1   # http://tinyurl.com/htk7tr6
2
3   def f():
4       return 1 + 1
5
6   result = f()
7   print(result)
```

>> 2

関数が、複数の引数を受け取る場合、各引数をカンマで区切ってください。

```
1   # http://tinyurl.com/gqmkft7
2
3   def f(x, y, z):
4       return x + y + z
5
6   result = f(1, 2, 3)
7   print(result)
```

>> 6

関数定義の最後には、return 文がなくても大丈夫です。関数に return がない場合、その関数は None を返します。

```
1   # http://tinyurl.com/j8qyqov
2
3   def f():
4       z = 1 + 1
5
6   result = f()
7   print(result)
```

>> None

組み込み関数

プログラミング言語には、最初から用意されている関数があります。Pythonはこれを**組み込み関数**と呼んでいます。組み込み関数は、あらゆる種類の計算とタスクを実行でき、特別な準備なしですぐに使用できます。

第4章　関数

実は、これまでのコード例でも組み込み関数を使っていました。最初に書いたプログラムは、"Hello、World！" を出力するために print 関数を使用しました。

len も組み込み関数の1つです。この関数は、たとえば文字列の長さなど、オブジェクトの長さを返してくれます。

```
1   # http://tinyurl.com/zfkzqw6
2
3   len("Monty")
```

\>> 5

```
1   # http://tinyurl.com/h75c3cf
2
3   len("Python")
```

\>> 6

組み込みの str 関数は、オブジェクトを引数として受け取り、str データ型の新しいオブジェクトを返します。たとえば、str を使用して整数を文字列に変換できます。

```
1   # http://tinyurl.com/juzxg2z
2
3   str(100)
```

\>> '100'

int 関数は、オブジェクトを受け取り、整数オブジェクトを返します。

```
1   # http://tinyurl.com/j42qhkf
2
3   int("1")
```

\>> 1

float 関数は、オブジェクトを受け取り、浮動小数点数オブジェクトを返します。

55

```
1   # http://tinyurl.com/hnk8gh2
2
3   float(100)
```

>> 100.0

　str、int、float の各関数に渡す引数は、文字列、整数、または浮動小数点数として扱える必要があります。str 関数は、大部分のオブジェクトを引数として受け取れますが、int 関数は整数の文字列か、浮動小数点数のオブジェクトしか受け付けません。float 関数は、数字の文字列または整数オブジェクトのみを受け取れます。

```
1   # http://tinyurl.com/jcchmlx
2
3   int("110")
4   int(20.54)
5
6   float("16.4")
7   float(99)
```

>> 110

>> 20

>> 16.4

>> 99.0

　int または float 関数に、整数あるいは浮動小数点数に変換できない引数を渡そうとすると、Pythonは例外を発生させます。

```
1   # http://tinyurl.com/zseo2ls
2
3   int("Prince")
```

>> ValueError: invalid literal for int() with base 10: 'Prince'

　input は、プログラムを動作させている人から、情報を集める組み込み関数です。

```
1   # http://tinyurl.com/zynprpg
```

第 4 章　関数

```
2
3   age = input("Enter your age:")
4   int_age = int(age)
5   if int_age < 21:
6       print("You are young!")
7   else:
8       print("Wow, you are old!")
```

>> Enter your age:

　input 関数は、文字列を引数として受け取り、それをシェル内でプログラムを使っている人に表示します。ユーザーは、シェルに返事（レスポンス）を入力できます。そして、レスポンスを変数（この場合は変数 age ）に保存できます。

　次に、int 関数を使用して変数 age を文字列から整数に変更します。input 関数は、ユーザーの入力を str データ型として受け取ります。受け取った文字列を int で変換し、ほかの整数と比較します。整数を取得したあと、どのメッセージをユーザー向けに表示するか、シェルに入力した内容に応じて、if-else文で決定します。ユーザーが 21 未満の数字を入力した場合、You are young！ が出力され、ユーザーが 21 以上の数字を入力した場合、Wow, you are old！ が出力されます。

関数を再利用する

　関数は、値の計算を行って戻り値を戻すだけではありません。関数は、再利用したい機能をまとめておけます。

```
1   # http://tinyurl.com/zhy8y4m
2
3   def even_odd(x):
4       if x % 2 == 0:
5           print("偶数")
6       else:
7           print("奇数")
8
9   even_odd(2)
10  even_odd(3)
```

57

>> 偶数

>> 奇数

　上記のコード例では、関数の戻り値を定義していませんが、この関数は十分に有用です。x % 2 == 0 で x の値をテストし、x が偶数（even）か奇数（odd）かを出力します。

　関数を使用すると、より少ないコードを書くだけで済みます。以下のコードは、関数なしで記述されたプログラムの例です。

```
1   # http://tinyurl.com/jk8lugl
2
3   n = input("type a number:")
4   n = int(n)
5   if n % 2 == 0:
6       print("n is even.")
7   else:
8       print("n is odd.")
9
10  n = input("type a number:")
11  n = int(n)
12  if n % 2 == 0:
13      print("n is even.")
14  else:
15      print("n is odd.")
16
17  n = input("type a number:")
18  n = int(n)
19  if n % 2 == 0:
20      print("n is even.")
21  else:
22      print("n is odd.")
```

>> type a number:

　このプログラムでは、ユーザーに数値を3回入力するように求めます。次に、if-else文で数値が偶数かどうかをチェックします。偶数であれば、n is even. を出力します。そうでなければ、n is odd. を出力します。

　このプログラムの問題は、同じコードを3回繰り返していることです。次に示すように、この機能を関数にまとめ、それを3回呼び出すことで、このプログラムが短く、かつ読みやすくなります。

58

第 4 章　関数

```python
1   # http://tinyurl.com/zzn22mz
2
3   def even_odd():
4       n = input("type a number:")
5       n = int(n)
6       if n % 2 == 0:
7           print("n is even.")
8       else:
9           print("n is odd.")
10
11  even_odd()
12  even_odd()
13  even_odd()
```

>> type a number:

　この新しいプログラムは、以前のプログラムと同じ機能を持ちます。しかし、関数に機能を閉じ込めて、いつでも好きなだけ使えるようにしたため、プログラムは短くて読みやすくなりました。

必須引数とオプション引数

　関数が受け取る引数は2種類あります。これまで紹介した関数の引数は、**必須引数**です。ユーザーが関数を呼び出すとき、必須引数は省略できません。関数を呼び出すときに、必須引数をすべて渡さないと、Pythonは例外を発生させます。

　Pythonの関数には、必須ではない引数である**オプション引数**もあります。関数を呼び出すとき、オプション引数は省略できます。省略した場合、関数は代わりにデフォルト値を使用します。

　オプションの引数の構文は、次の通りです。

　[関数名]([引数名]=[引数値])

　必須引数と同様に、オプション引数はカンマで区切る必要があります。次ページのコードは、オプション引数のある関数の例です。

59

```
1  # http://tinyurl.com/h3ych4h
2
3  def f(x=2):
4      return x ** x
5
6  print(f())
7  print(f(4))
```

>> 4

>> 256

　まず、引数を渡さずに関数を呼び出します。引数はオプション引数なので、xにはデフォルト値の2が使われ、関数は4を返します。

　次に、関数呼び出し時に引数として4を渡します。この場合、関数はデフォルト値ではなく、xに渡された4が使われます。そして関数は256を返します。必須引数とオプション引数の両方を持つ関数も定義できます。その場合、必須引数を先に定義して、その後にオプション引数を定義してください。

```
1  # http://tinyurl.com/hm5svn9
2
3  def add_it(x, y=10):
4      return x + y
5
6  result = add_it(2)
7  print(result)
```

>> 12

スコープ

　変数には**スコープ**という重要な性質があります。変数を定義すると、その変数を読み書きできる範囲が決まります。この範囲のことをスコープと呼びます。変数を読むというのは、その変数をスコープ内で探すということです。変数を書くというのは、変数の値を変更するということです。

　変数のスコープは、変数がプログラム内のどこで定義されているかによって決まります。

　関数（または第2部で学ぶクラス）の外に変数を定義すると、変数は**グロ**

第 4 章 関数

ーバルスコープに定義され、プログラムのどこからでも読み書きできます。
グローバルスコープの変数は、**グローバル変数**と呼ばれます。

　関数（またはクラス）の内部に変数を定義すると、その変数は**ローカルス
コープ**に置かれます。プログラムは、その変数が定義された関数（またはク
ラス）内でしか変数を読み書きできません。ローカルスコープの変数は、**ロ
ーカル変数**と呼ばれます。

　グローバルスコープの変数は次の通りです。

```
1   # http://tinyurl.com/zhmxnqt
2
3   x = 1
4   y = 2
5   z = 3
```

　この3つの変数は、関数やクラスの外で定義しているので、グローバルな
スコープを持ちます。つまり、関数の内部を含め、どこからでも読み書きで
きます。

```
1   # http://tinyurl.com/hgvnj4p
2
3   x = 1
4   y = 2
5   z = 3
6
7   def f():
8       print(x)
9       print(y)
10      print(z)
11
12  f()
```

>> 1

>> 2

>> 3

　関数内で定義した変数は、その関数の内部からのみ読み書きできます。
Pythonでは、定義された関数の外から関数内の変数にアクセスすると、例
外が発生します。

61

```
1   # http://tinyurl.com/znka93k
2
3   def f():
4       x = 1
5       y = 2
6       z = 3
7
8   print(x)
9   print(y)
10  print(z)
```

>> NameError: name 'x' is not defined

次のように関数内で変数を（ print 関数などで）使う場合は、問題なく
動作します。

```
1   # http://tinyurl.com/z2k3jds
2
3   def f():
4       x = 1
5       y = 2
6       z = 3
7       print(x)
8       print(y)
9       print(z)
10
11  f()
```

>> 1

>> 2

>> 3

関数内で定義された変数に関数外からアクセスするのは、まだ定義されて
いない変数を使用する場合と同様、例外を発生させます。

```
1   # http://tinyurl.com/zn8zjmr
2
3   if x > 100:
4       print("x is > 100")
```

>> NameError: name 'x' is not defined

第4章　関数

どこからでもグローバル変数に書き込めますが、ローカルスコープの中からグローバル変数に書き込むには、追加の手順として global キーワードを使って明示的に変数を指定します。Pythonでは、関数の中で変数 x を定義する際に、関数の外で定義されている変数の値を誤って変更しないように、この追加の手順を行う必要があります。

次のコードは、関数内からグローバル変数に書き込む例です。

```
1   # http://tinyurl.com/zclmda7
2
3   x = 100
4
5   def f():
6       global x
7       x += 1
8       print(x)
9
10  f()
```

>> 101

スコープがない言語では、プログラム内のあらゆる変数にアクセスできます。しかし、これが問題を引き起こすのです。大きなプログラムで、変数 x を使用する関数を書くと、プログラム内のほかの場所で定義している変数 x の値を誤って変更する可能性があります。そのような間違いは、プログラムの動作を変える可能性があり、エラーや予期しない結果を招きます。プログラムが大きくなればなるほど、変数が多くなればなるほど、この可能性は高くなります。

例外処理

input 関数を使ってユーザーの入力を待つということは、プログラムにどんな値が入力されるかを制御できないということです。つまり、ユーザーからの入力は、そのままプログラムに渡されます。そして、その入力がエラーを引き起こすことがあります。たとえば、ユーザーから2つの数値を入力してもらい、1つ目の数値を2つ目の数値で割った結果を出力する、というプログラムを書く場合を考えてみましょう。

63

```
1   # http://tinyurl.com/jcg5qwp
2
3   a = input("type a number:")
4   b = input("type another:")
5   a = int(a)
6   b = int(b)
7   print(a / b)
```

>> type a number:

>> 10

>> type another:

>> 5

>> 2.0

このプログラムは、期待通りに動作するように見えます。しかし、ユーザーが2番目の数値として 0 を入力すると問題が起きます。

```
1   # http://tinyurl.com/ztpcjs4
2
3   a = input("type a number:")
4   b = input("type another:")
5   a = int(a)
6   b = int(b)
7   print(a / b)
```

>> type a number:

>> 10

>> type another:

>> 0

>> ZeroDivisionError: integer division or modulo by zero

この問題を回避するために、ユーザーに2番目の数値には 0 を入れないで、と期待するだけではダメです。このような場合は**例外処理**を行うことが解決方法の1つです。例外処理は、エラーの条件をテストでき、そのような条件が実際に起ったときに例外として捕らえて（キャッチして）、その先どう進めるかを判断します。

キーワード try と except は例外処理に使用されます。例外処理を使用するようにプログラムを変更すると、ユーザーが2番目の数値として 0 を入

力したとき、例外が発生する代わりに、0 は入力できないというメッセージを表示します。

　Pythonの各例外はオブジェクトなので、プログラムで使用できます。組み込み例外の一覧は、以下で見られます。

https://docs.python.org/ja/3/library/exceptions.html

　コードで例外が発生する可能性があると思った場合、キーワード try と except を含む複合文を使用して例外を捕まえます。

　try 節には、発生する可能性のあるエラーが含まれています。except 節には、try 節の例外が発生した場合にのみ実行されるコードが含まれています。次のコードは、プログラムで例外処理する例です。ユーザーが2番目の数値として 0 を入力しても、プログラムは中断しません。

```
1   # http://tinyurl.com/j2scn4f
2
3   a = input("type a number:")
4   b = input("type another:")
5   a = int(a)
6   b = int(b)
7   try:
8       print(a / b)
9   except ZeroDivisionError:
10      print("b cannot be zero.")
```

>> type a number:

>> 10

>> type another:

>> 0

>> b cannot be zero.

　ユーザーが b に 0 以外の値を入力すると、try ブロック内のコードが実行され、except ブロックは何もしません。ユーザーが b に 0 を入力した場合、例外を発生させる代わりに except ブロックのコードが実行され、b cannot be zero.（b はゼロではダメです。）と出力します。

　Pythonが整数に変換できない文字列をユーザーが入力した場合も、次ページで示すように、プログラムは中断します。

```
1   a = input("type a number:")
2   b = input("type another:")
3   a = int(a)
4   b = int(b)
5   try:
6       print(a / b)
7   except ZeroDivisionError:
8       print("b cannot be zero.")
```

>> type a number:

>> Hundo

>> type another:

>> Million

>> ValueError: invalid literal for int() with base 10: 'Hundo'

　この例外を防ぐには、ユーザーからの入力を try 節内に移動し、except 文に ZeroDivisionError と ValueError の2つの例外が発生した場合の処理を追加します。ValueError は、int、string、または float のいずれかの組み込み関数に不正な入力を与えると発生します。except 文では、カッコを追加してそれらの例外をカンマで区切ることで、2つの例外を捕えられます。

```
1   # http://tinyurl.com/jlus42v
2
3   try:
4       a = input("type a number:")
5       b = input("type another:")
6       a = int(a)
7       b = int(b)
8       print(a / b)
9   except(ZeroDivisionError, ValueError):
10      print("Invalid input.")
```

>> type a number:

>> Hundo

>> type another:

>> Million

66

>> Invalid input.

　except 節内で、try 節で定義された変数を使用しないでください。これは、try 節で変数が定義されるよりも前に例外が発生する可能性があるためです。もし変数定義前に例外が発生し、その変数を except 節で参照すると、新しい別の例外が発生してしまいます。

```
1   # http://tinyurl.com/hockur5
2
3   try:
4       10 / 0
5       c = "I will never get defined."
6   except ZeroDivisionError:
7       print(c)
```

>> NameError: name 'c' is not defined

ドキュメンテーション文字列

　関数およびその引数を定義するとき、引数が特定のデータ型でないと関数が正しく動作しないことがあります。では、関数を呼び出す人に、引数のデータ型をどうやって伝えたらよいでしょうか。その方法を説明しましょう。
　関数宣言の次の行に **docstring**（ドキュメンテーション文字列）と呼ばれるコメントを書いて、引数のデータ型について説明します。docstring には、関数の目的と、必要な引数の種類についての説明を書きます。

```
1   # http://tinyurl.com/zhahdcg
2
3   def add(x, y):
4       """
5       Returns x + y.
6       :param x: int.
7       :param y: int.
8       :return: int sum of x and y.
9       """
10      return x + y
```

67

docstringの最初の行で、この関数が何をするものかについて説明します。そうすれば、ほかのプログラマーがこの関数を利用するとき、関数の目的を理解するためにすべてのコードを読む必要はありません。

docstringの残りの行には、関数の引数、引数の型、そして関数が返す値について書きます。docstringを読めば、関数の機能をより速く理解でき、すばやくプログラミングができます。

本書では、コード例を簡潔にするために、通常書くべきdocstringを省略しています。普段コードを書くときは、将来にそれを読むすべての人に分かりやすいよう、docstringを書いています。

必要なときにだけ変数を使おう

データをあとで使う場合だけ、値を変数に保存してください。たとえば、出力するためだけに整数を変数に格納しないでください。

```
1   # http://tinyurl.com/zptktex
2
3   x = 100
4   print(x)
```

>> 100

代わりに、出力したい値を print 関数に直接渡してください。

```
1   # http://tinyurl.com/hmwr4kd
2
3   print(100)
```

>> 100

本書では、コード例を分かりやすくするために、多くの個所でこのルールを無視しました。あなたがコードを書くときには、本書とまったく同じ書き方にする必要はありません。

用語集

関数：入力値を受け取り、命令を実行し、出力値を返す複合文

第 4 章　関数

便宜上のルール：（同意のもとでの）やり方

関数を呼び出す：関数に入力値を渡し、命令を実行し、出力値を返す

引数：関数に渡されるデータ。必須引数とオプション引数がある

組み込み関数：プログラミング言語に、最初から用意されている関数[訳注2]

スコープ：変数を読んだり、書いたりできる範囲

グローバルスコープ：プログラム内のどこからでも変数を読んだり書いたりできる範囲

グローバル変数：グローバルスコープ内に存在する変数

ローカルスコープ：変数が定義された関数（もしくはクラス）内のみの範囲

ローカル変数：ローカルスコープ内に存在する変数

例外処理：エラーの条件をテストし、そのような条件が実際に起ったときに例外として捕まえて（キャッチして）、どう進めるかを決めること

docstring（ドキュメンテーション文字列）：関数が何をするか、どのような引数を使うかなどをドキュメント化した文字列

チャレンジ

1. 数字を入力値として受け取り、その数字を2乗した戻り値を返す関数を書いてみよう。

2. 文字列を引数とし、その文字列を出力する関数を書いてみよう。

3. 3つの必須引数と2つのオプション引数がある関数を書いてみよう。

4. 2つの関数からなるプログラムを書いてみよう。1つ目の関数は整数を引数として受け取り、その整数を2で割って求められる整数を出力として返そう。2つ目の関数は整数を引き数として受け取り、4でかけた整数を返そう。プログラム内で、1つ目の関数を呼び、戻り値を変数として保存し、2つ目の関数の引数として渡そう。

5. 文字列を float 型に変換して戻り値とする関数を書いてみよう。起こり得る例外をキャッチする例外処理を書こう。

6. 上の1から5で書いた関数すべてにdocstringを追加しよう。

解答：http://tinyurl.com/hkzgqrv

[訳注2] Pythonでは、len や input などいくつかの関数が組み込み関数として提供されています。

69

PART 1

第5章

コンテナ

....

愚者はいつまでも悩み、賢者は尋ねる。
——Benjamin Disraeli（ベンジャミン・ディズレーリ）

....

　第3章で、オブジェクトを変数に保存する方法を学びました。この章では、オブジェクトをコンテナに保存する方法を学びます。コンテナは書類棚のようなもので、データ構造を保持します。これから、3つの一般的なコンテナとして、リスト、タプル、辞書について学びます。

メソッド

　第4章では関数について学びました。Pythonには**メソッド**という、関数に似た概念のものがあります。メソッドは特定のデータ型に密接に関連付けられている関数です。メソッドは関数と同じように、コードを実行し値を返します。メソッド呼び出し時には、引数を渡せます。関数と違うのは、呼び出し方です。メソッドはオブジェクトに付けて呼び出します。次のコードは文字列を大文字にしたり、置き換えたりするメソッドの例です。

```
1   # http://tinyurl.com/zdllght
2
3   "Hello".upper()
```

>> 'HELLO'

```
1   # http://tinyurl.com/hfgpst5
2
3   "Hello".replace("o", "@")
```

>> 'Hell@'

70

メソッドの詳細については、第2部で学びます。

リスト

リスト は、好きな順番でオブジェクトを保存しておけるコンテナです。

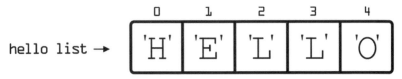

リストは、角カッコに挟んで表します。新しくリストを作るときの書き方は、2つあります。空のリストを作るには、`list` 関数を使います。

```
1  # http://tinyurl.com/h4go6kg
2
3  fruit = list()
4  fruit
```

\>> []

あるいは、角カッコでも書けます。

```
1  # http://tinyurl.com/jft8p7x
2
3  fruit = []
4  fruit
```

\>> []

2つ目の [] の構文を使って、中の要素が入っている状態のリストを作れます。それぞれの要素を角カッコの中にカンマ区切りで並べて書きます。

```
1  # http://tinyurl.com/h2y8nos
2
3  fruit = ["Apple", "Orange", "Pear"]
4  fruit
```

\>> ['Apple', 'Orange', 'Pear']

このリストには、"Apple"、"Orange"、"Pear" の3つが、指定された
順番通りに格納されます。プログラマーが順番を変更しない限り、要素の順
番は常に、1番目"Apple"、2番目"Orange"、3番目"Pear"です。
"Apple"は最初で、"Pear"が最後です。新しい要素をリストに追加するに
は append メソッドを使います。

```
1   # http://tinyurl.com/h9w3z2m
2
3   fruit = ["Apple", "Orange", "Pear"]
4   fruit.append("Banana")
5   fruit.append("Peach")
6   fruit
```

>> ['Apple', 'Orange', 'Pear', 'Banana', 'Peach']

　append メソッドを使って渡したオブジェクトがリストの末尾に追加され
ました。 append は新しい要素を常にリストの最後に追加します。
　リストは文字列以外にも、どんなオブジェクトでも格納できます。

```
1   # http://tinyurl.com/zhpntsr
2
3   random = []
4   random.append(True)
5   random.append(100)
6   random.append(1.1)
7   random.append("Hello")
8   random
```

>> [True, 100, 1.1, 'Hello']

　文字列、リスト、タプル（後述）のように、繰り返し処理で要素を1つず
つ取り出せるオブジェクトは、**イテラブル**（繰り返し可能）です。イテラブ
ルなオブジェクトは繰り返し可能だ、と言われます。
　コンテナに格納されているどのオブジェクトにも、**インデックス**がありま
す [訳注1]。インデックスはコンテナ内での要素の位置です。最初の要素のイ

....

[訳注1] 正確には、文字列、リスト、タプルのようなシーケンス型コンテナであれば各要素にイ
ンデックスがあります。詳しくは以下の「シーケンス型」を参照してください。
https://docs.python.org/ja/3/library/stdtypes.html

72

ンデックスは0です。1ではない、ということに注意しましょう。

　次のコードは、"Apple"がインデックス 0 で、"Orange"がインデックス 1 、"Pear"がインデックス 2 です。

　このインデックス値を使って、要素を取り出せます。次のように記述します。

　[リスト変数名] [[インデックス値]]

```
1   # http://tinyurl.com/jqtlwpf
2
3   fruit = ["Apple", "Orange", "Pear"]
4   fruit[0]
5   fruit[1]
6   fruit[2]
```

>> 'Apple'

>> 'Orange'

>> 'Pear'

　もし存在しないインデックス値で要素を取り出そうとした場合、Pythonは例外を発生させます。

```
1   # http://tinyurl.com/za3rv95
2
3   colors = ["blue", "green", "yellow"]
4   colors[4]
```

>> IndexError: list index out of range

　リストは**ミュータブル**（変更可能）です。リストのようにコンテナがミュータブルな場合、オブジェクトを追加したり削除したりできます。リストの特定の位置にある要素を入れ替えることも可能です。インデックスで位置を指定して代入します。

```
1   # http://tinyurl.com/h4ahvf9
2
3   colors = ["blue", "green", "yellow"]
4   colors
5   colors[2] = "red"
6   colors
```

73

```
>> ['blue', 'green', 'yellow']
>> ['blue', 'green', 'red']
```

また、リストの末尾から要素を取り除くには、pop メソッドを使います。

```
1   # http://tinyurl.com/j52uvmq
2
3   colors = ["blue", "green", "yellow"]
4   colors
5   item = colors.pop()
6   item
7   colors
```

```
>> ['blue', 'green', 'yellow']
>> 'yellow'
>> ['blue', 'green']
```

pop メソッドは、空のときは使えません。試してみると分かるように、Pythonが例外を出すでしょう。

足し算の演算子を使って、2つのリストを連結できます。

```
1   # http://tinyurl.com/jjxnk4z
2
3   colors1 = ["blue", "green", "yellow"]
4   colors2 = ["orange", "pink", "black"]
5   colors1 + colors2
```

```
>> ['blue', 'green', 'yellow', 'orange', 'pink', 'black']
```

ある要素がリストに含まれているかどうかを調べるのには、in演算子を使います。

```
1   # http://tinyurl.com/z4fnv39
2
3   colors = ["blue", "green", "yellow"]
4   "green" in colors
```

```
>> True
```

要素が入っていないことを調べるには、not in演算子を使います[訳注2]。

第5章　コンテナ

```
1   # http://tinyurl.com/jqzk8pj
2
3   colors = ["blue", "green", "yellow"]
4   "black" not in colors
```

>> True

リストのサイズ（コンテナ内にいくつの要素があるか）は len 関数で取得します。

```
1   # http://tinyurl.com/hhx6rx4
2
3   len(colors)
```

>> 3

次のコードは、リストを使ったちょっとしたプログラムの例です。

```
1    # http://tinyurl.com/gq7yjr7
2
3    colors = ["purple", "orange", "green"]
4
5    guess = input("何色でしょう?(入力してください):")
6
7    if guess in colors:
8        print("当たり!")
9    else:
10       print("ハズレ!また挑戦してね。")
```

>> 何色でしょう？（入力してください）：

　3種類の色名を持つリストを作って、colors 変数に割り当てました。このプログラムは色当てクイズで、色名を入力してもらって、その色がcolorsリストに含まれているかどうかの結果を表示します。inputという組み込み関数を使い、入力された文字列を guess 変数（guessは、推測と

[訳注2]　"black" not in colors は not "black" in colors と書いても結果は同じです。この場合、not ("black" in colors) のように、in 演算子が先に評価され、その結果のブール値が not で反転評価されます。しかし、演算子の優先順位を覚えておく必要があり、英文として読んでも不自然なため、"black" not in colors と書くことをお勧めします。

75

いう意味です）に割り当てます。入力された答えがリストに含まれていれば、
「当たり！」と表示します。リストに含まれていなければ「ハズレ！また挑
戦してね。」と表示します。

タプル

タプル は、好きな順番でオブジェクトを保存しておけるコンテナです。
リストと異なり、タプルは**イミュータブル**（変更不可能）なので、その内容
を変更できません。一度タプルを作ったら、格納されているどの要素の値も
変更できないし、要素の追加や削除もできません。タプルは、丸カッコに挟
まれており、要素を書くときはカンマで区切ります。新しくタプルを作ると
きの書き方は、2つあります。

```
1   # http://tinyurl.com/zo88eal
2
3   my_tuple = tuple()
4   my_tuple
```

>> ()

```
1   # http://tinyurl.com/zm3y26j
2
3   my_tuple = ()
4   my_tuple
```

>> ()

タプルにオブジェクトを追加するには、後者の構文を使い、丸カッコの中
に要素をカンマで列挙します。

```
1   # http://tinyurl.com/zlwwfe3
2
3   rndm = ("M. Jackson", 1958, True)
4   rndm
```

>> ('M. Jackson', 1958, True)

もし、タプルの要素が1つだけだったら、その要素の直後にカンマを付け

第5章　コンテナ

てください。カンマがないと、Pythonは数値演算の優先度を決めるための
カッコだと認識してしまいます。

```
1    # http://tinyurl.com/j8mca8o
2
3    # これはタプルです
4    ("self_taught",)
5
6    # これはタプルではなく数値演算に使うカッコです
7    (9) + 1
```

```
>> ('self_taught',)
>> 10
```

　タプルは、一度作成したら新しい要素を追加できないし、要素の変更もで
きません。タプルの作成後に要素を変更しようとすると、Pythonは例外を
発生させます。

```
1    # http://tinyurl.com/z3x34nk
2
3    dys = ("1984", "Brave New World", "Fahrenheit 451")
4    dys[1] = "Handmaid's Tale"
```

```
>> TypeError: 'tuple' object does not support item assignment
```

　タプルに格納された要素を取り出すには、リストと同じようにインデック
スで位置を指定します。

```
1    # http://tinyurl.com/z9dc6lo
2
3    dys = ("1984", "Brave New World", "Fahrenheit 451")
4    dys[2]
```

```
>> 'Fahrenheit 451'
```

　タプルに特定の要素が含まれているかどうか確認するには、in演算子を使
います。

```
1    # http://tinyurl.com/j3bsel7
2
3    dys = ("1984", "Brave New World", "Fahrenheit 451")
```

77

```
4    "1984" in dys
```

>> True

　not in演算子を使うと、その要素がタプルに入っていないことを確認できます。

```
1    # http://tinyurl.com/jpdjjv9
2
3    dys = ("1984", "Brave New World", "Fahrenheit 451")
4    "Handmaid's Tale" not in dys
```

>> True

　タプルについて説明してきましたが、リストよりも不便なデータ構造がなぜ用意されているのか、と不思議に思うかもしれません。タプルは、その要素が変わらないことを保証しているので、変わってほしくない値を扱うのに便利です。たとえば、地図上のある地点の座標といったデータは、タプルで持っておきます。ある都市の緯度と経度は不変なものであり、タプルに入れることにより変わらないことが保証されます。リストのようにミュータブル（変更可能）だと、プログラムの途中で間違って書き換えられてしまうかもしれません。そうならないように、タプルで持っておくべきでしょう。

　また、タプルはリストとは違い、次の節で紹介する辞書型のキーに使えます。

辞書

　辞書は、リストやタプルとはまた別の、オブジェクトを保存しておける組み込みのコンテナです。2つのオブジェクトを関連付けて保持するコンテナで、片方のオブジェクトを格納時や取得時の**キー**に使い、もう片方のオブジェクトを**バリュー**としてキーに**マッピング**して（関連付けて）保持します。これを**キーバリューペア**と言います。新しいキーバリューペアを辞書に追加すると、そのキーで辞書からバリューを取り出せるようになります。ちなみに、バリューでキーを取り出したりはできません。

　辞書はミュータブル（変更可能）なので、新しいキーバリューペアを追加できます。リストやタプルとは違って、辞書に格納するオブジェクトの順番

は指定できません。

　キーとバリューのペアを関連付けてデータを扱うことはとても便利で、そのような形式でデータを表現したい場合はたくさんあります。たとえば、ある人の情報を辞書で管理するときは、'height' というキーにその人の身長の数値を関連付け、'eyecolor' には瞳の色を表す文字列を関連付けます。国籍なら 'nationality' というキーに、国籍名を関連付けます。

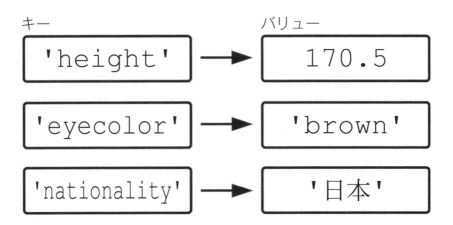

　辞書は波カッコに挟んで表します。新しく辞書を作るときの書き方は、2つあります。

```
1   # http://tinyurl.com/zfn6jmw
2
3   my_dict = dict()
4   my_dict
```

>> {}

　そして、もう1つの書き方です。

```
1   # http://tinyurl.com/jfgemf2
2
3   my_dict = {}
4   my_dict
```

>> {}

キーバリューペアを辞書オブジェクト作成の時点でも追加できます。後者の構文では、キーとバリューをコロンで区切って書きます。そして、キーバリューペアごとにカンマで区切って書いていきます。タプルと違って、キーバリューペアが1つしかない場合に末尾のカンマを付ける必要はありません。次のコードはキーバリューペアを辞書の作成時に指定する例です。

```
1  # http://tinyurl.com/hplqc4u
2
3  fruits = {"Apple": "Red",
4            "Banana": "Yellow"}
5  fruits
```

>> {'Apple': 'Red', 'Banana': 'Yellow'}

対話シェルには、本書の例と異なる順番で要素が並んでいるかもしれません。順番が異なるのは、辞書がキーの順番を保持していないからです[訳注3]。このため、Pythonは辞書の要素を勝手な順番で出力します（本節の例すべてに当てはまります）。

辞書はミュータブル（変更可能）です。辞書を作成したあとにキーバリューペアを追加するには、次の構文で書きます。

［辞書名］[[キー]] = ［バリュー］

また、値を取り出すには、次の構文を使います。

［辞書名］[[キー]]

```
1  # http://tinyurl.com/grc281h
2
3  facts = dict()
4
5  # バリューを追加
6  facts["code"] = "fun"
7  # キーで参照
8  facts["code"]
```

[訳注3] Python-3.6までは、キーの順番が保持されるかどうかは実装依存です。CPython（C言語で書かれたPythonインタプリタ）のバージョン3.6では保持されます。2018年リリース予定の3.7からは言語仕様になる予定です。3.7未満のPythonで動作させるためには、辞書のキー順に依存したプログラムを作らないようにしましょう。

第 5 章　コンテナ

```
 9
10  # バリューを追加
11  facts["Bill"] = "Gates"
12  # キーで参照
13  facts["Bill"]
14
15  # バリューを追加
16  facts["founded"] = 1776
17  # キーで参照
18  facts["founded"]
```

>> 'fun'

>> 'Gates'

>> 1776

　どのようなオブジェクトも、辞書のバリューに使えます。この例では、最初の2つのバリューは文字列で、最後のバリュー1776は整数です。

　辞書のキーは、バリューとは違って、イミュータブル（変更不可能）でなければいけません。文字列かタプルなら辞書のキーに使えますが、リストや辞書は辞書のキーには使えません。

　in演算子を使って、あるキーが辞書のキーに使われているかを確認できます。なお、inでは、あるバリューが辞書のバリューに使われているかどうかを確認できないことに注意してください。

```
1  # http://tinyurl.com/hgf9vmp
2
3  bill = {"Bill Gates": "charitable"}
5  "Bill Gates" in bill
```

>> True

　もし、辞書に追加されていないキーでバリューを取り出そうとしたら、Pythonは例外を発生させます。

　not in演算子を使えば、あるキーが辞書のキーに使われていないことを確認できます。

```
1  # http://tinyurl.com/he3g993
2
3  bill = {"Bill Gates": "charitable"}
```

81

```
4    "Bill Doors" not in bill
```

>> True

キーバリューペアを辞書から削除するには、delキーワードを使います。

```
1    # http://tinyurl.com/htrd9lj
2
3    books = {"Dracula": "Stoker",
4             "1984": "Orwell",
5             "The Trial": "Kafka"}
6
7    del books["The Trial"]
8
9    books
```

>> {'Dracula': 'Stoker', '1984': 'Orwell'}

次のコードは、辞書を使ったプログラムの例です。

```
1    # http://tinyurl.com/gnjvep7
2
3    songs = {"1": "fun",
4             "2": "blue",
5             "3": "me",
6             "4": "floor",
7             "5": "live"
8             }
9
10   n = input("数字を入力してください:")
11   if n in songs:
12       song = songs[n]
13       print(song)
14   else:
15       print("見つかりません。")
```

>>数字を入力してください:

このプログラムの辞書 songs では5つの数がキーになっていて、それぞれが歌手名（バリュー）に関連付けられています。プログラムを実行すると数字の入力待ちになり、何か入力して最後にエンターキーを入力すると、入力された文字列は変数 n に代入されます。

第5章　コンテナ

入力された値を辞書から探す前に、その入力値が本当に辞書に格納されているか、in演算子を使って確認しましょう。もしキーが辞書にあれば、そのキー（数字）に関連付けられたバリュー（歌手名）を辞書から取り出して出力します。キーが辞書になければ、見つからなかったというメッセージを表示します。

コンテナの中のコンテナ

コンテナにはコンテナを格納できます。たとえば、リストの中にリストを入れてみましょう。

```
1   # http://tinyurl.com/gops9fz
2
3   lists = []
4
5   rap = ["カニエ・ウェスト", "ジェイ・Z", "エミネム", "ナズ"]
6   rock = ["ボブ・ディラン", "ザ・ビートルズ", "レッド・ツェッペリン"]
7   djs = ["ゼッズ・デッド", "ティエスト"]
8
9   lists.append(rap)
10  lists.append(rock)
11  lists.append(djs)
12
13  print(lists)
```

>> [['カニエ・ウェスト', 'ジェイ・Z', 'エミネム', 'ナズ'],
　　['ボブ・ディラン', 'ザ・ビートルズ', 'レッド・ツェッペリン'],
　　['ゼッズ・デッド', 'ティエスト']]

この例では、変数 lists に3つの要素があって、どの要素もそれぞれがリストオブジェクトです。

最初の要素はラッパーの名前を集めたリストで、2つ目の要素はロッカーの名前を集めたリスト、そして3つ目はDJの名前を集めたリストです。どの要素にもインデックスを使ってアクセスできます。

83

```
1    # http://tinyurl.com/gu4mudk
2
3    # 前のコードの続き
4
5    rap = lists[0]
6    print(rap)
```

>> ['カニエ・ウェスト', 'ジェイ・Z', 'エミネム', 'ナズ']

　新しい要素をリスト rap に追加したら、lists も更新されていることが分かります。

```
1    # http://tinyurl.com/hdtosm2
2
3    # 前のコードの続き
4
5    rap = lists[0]
6    rap.append("ケンドリック・ラマー")
7    print(rap)
8    print(lists)
```

>> ['カニエ・ウェスト', 'ジェイ・Z', 'エミネム', 'ナズ', 'ケンドリック・ラマー']
>> [['カニエ・ウェスト', 'ジェイ・Z', 'エミネム', 'ナズ', 'ケンドリック・ラマー'],['ボブ・ディラン', 'ザ・ビートルズ', 'レッド・ツェッペリン'],['ゼッズ・デッド', 'ティエスト']]

　リストの要素にタプルを持たせたり、タプルの要素にリスト、リストやタプルの要素に辞書を持たせることもできます[訳注4]。

[訳注4] タプルの要素にリストなどのミュータブルな要素を持たせた場合、イミュータブルではなくなるため、辞書のキーとして使えなくなります。

第5章　コンテナ

```
1   # http://tinyurl.com/z9dhema
2
3   locations = []
4
5   la = (34.0522, 188.2437)
6   chicago = (41.8781, 87.6298)
7
8   locations.append(la)
9   locations.append(chicago)
10
11  print(locations)
```

>> [(34.0522, 188.2437), (41.8781, 87.6298)]

```
1   # http://tinyurl.com/ht7gpsd
2
3   eights = ["Edgar Allan Poe", "Charles Dickens"]
4   nines = ["Hemingway", "Fitzgerald", "Orwell"]
5
6   authors = (eights, nines)
7   print(authors)
```

>> (['Edgar Allan Poe', 'Charles Dickens'], ['Hemingway',
   'Fitzgerald', 'Orwell'])

```
1   # http://tinyurl.com/h8ck5er
2
3
4   bday = {"Hemingway": "7.21.1899",
5           "Fitzgerald": "9.24.1896"}
6
7   my_list = [bday]
8   print(my_list)
9   my_tuple = (bday,)
10  print(my_tuple)
```

>> [{'Hemingway': '7.21.1899', 'Fitzgerald': '9.24.1896'}]
>> ({'Hemingway': '7.21.1899', 'Fitzgerald': '9.24.1896'},)

　辞書のバリューとして、リスト、タプル、辞書を格納できます。

85

```
1    # http://tinyurl.com/zqupwx4
2
3
4    ny = {
5        "座標": (40.7128, 74.0059),
6
7        "セレブ": [
8            "ウッディ・アレン",
9            "ジェイ・Z",
10           "ケヴィン・ベーコン",
11       ],
12
13       "事実": {
14           "州": "ニューヨーク",
15           "国": "アメリカ",
16       }
17   }
```

　この例では、辞書 ny には3つのキーである "座標"、"セレブ"、"事実"
があります。最初のキー "座標" のバリューはタプルです。座標はもう変更
されることはないため、タプルにしています。2つ目のキー "セレブ" のバ
リューは、ニューヨークに住んでいる有名人の名前を要素に持つリストです。
リストなので、あとから有名人を追加できます。3つ目のキーは "事実" の
バリューは辞書です。ニューヨークの事実を格納しておくとき、キーバリュ
ーペアがもっともデータを扱いやすい形式なので、辞書型にしています。

用語集

メソッド：特定のデータ型に密接に関連付けられている関数

リスト：コンテナの1種。好きな順番でオブジェクトを格納できる

イテラブル（繰り返し可能）：文字列やリストやタプルのように、繰り返し
処理で要素を取り出せるオブジェクト

インデックス（添え字）：イテラブル（繰り返し可能）の何番目の要素かを
表す数字

ミュータブル（変更可能）：コンテナがミュータブルの場合、その要素は入
れ替えや追加削除が可能

タプル：コンテナの1種。好きな順番でオブジェクトを格納できる。リスト

第5章　コンテナ

と異なり、イミュータブル（変更不可能）である

イミュータブル（変更不可能）：コンテナがイミュータブルの場合、そのコンテナの要素は変更できない

辞書：組み込みのコンテナ。あるオブジェクトを取り出し用ラベルとして、別のオブジェクトに関連付けて要素を保持する。取り出し用のラベルをキーと言い、キーに対応付けられたオブジェクトを値（バリュー）と言う

キー：辞書コンテナから値を取り出すために使われるオブジェクト

バリュー：辞書でキーによって参照されるオブジェクト

マッピング：あるオブジェクトからほかのオブジェクトに関連付けること

キーバリューペア：辞書における、キーとバリューのペア

チャレンジ

1. 好きなミュージシャンのリストを作ろう。
2. タプルのリストを作ろう。各タプルにはあなたが行ったことのある場所の緯度と経度を持たせよう。
3. 辞書を作ろう。辞書にはあなたの特徴を表すキーバリューのペアを持たせよう。たとえば、身長、好きな色、好きな作家、など。
4. 任意のキーを入力させるプログラムを書こう。入力されたキーを使って、1つ前のチャレンジで用意した辞書から、バリューを取得して表示しよう。
5. あなたが好きなミュージシャンを辞書のキーに入れ、そのバリューとしてそのミュージシャンの曲をリストで持たせよう。
6. リスト、タプル、辞書はPythonの組み込みコンテナの一部です。Pythonの set（コンテナ型の1つ）について調べよう。 set は何に使えるだろう？

解答：http://tinyurl.com/z54w9cb

87

PART 1

第 6 章

文字列操作

理論的には、理論と実践に違いはない。しかし、実践的には、ある。
——Jan L. A. van de Snepscheut（ヤン L.A. ヴァン・デ・スネップショイト）

　Pythonには、文字列を操作する機能があらかじめ組み込まれています。文字列をある文字で2分割したり、すべて大文字に変換したりなど、いろいろな機能があります。もし、すべて大文字で書かれた文字列があって、これをすべて小文字に変えたい場合、そのための文字列操作機能もPythonで提供されています。本章では、文字列についてさらに深く学び、文字列を操作する有用な機能について説明します。

三重クォート文字列

　文字列を複数行書きたい場合、クォートを3つ使う三重クォートに挟んで次のように書きましょう。

```
1   # http://tinyurl.com/h59ygda
2
3   """ line one
4       line two
5       line three
6   """
```

　通常の文字列は1つのクォートに挟まれた構文で書きますが、途中で改行してしまうと、構文エラーになってしまいます。

インデックス

　文字列は、リストやタプルと同じようにイテラブルです。文字列中のどの文字でも、インデックスを指定して取り出せます。ほかのイテラブルなオブ

88

ジェクトのように、文字列の最初の文字はインデックス 0 です。これに続く文字はインデックス値を1つずつ増やして参照できます。

```
1  # http://tinyurl.com/zqqc2jw
2
3  author = "Kafka"
4  author[0]
5  author[1]
6  author[2]
7  author[3]
8  author[4]
```

>> 'K'

>> 'a'

>> 'f'

>> 'k'

>> 'a'

　このコード例では、インデックス値として 0，1，2，3，4 を使って文字列 Kafka の1文字を取り出しています。ここで、文字数よりも大きいインデックス値で文字を取り出そうとすると、Pythonは例外を発生させます。

```
1  # http://tinyurl.com/zk52tef
2
3  author = "Kafka"
4  author[5]
```

>> IndexError: string index out of range

　Pythonの場合、**マイナスインデックス**も使えます。イテラブルは通常、左から右にインデックス値を数えていきます。マイナスの数値を指定した場合、右から数えて要素を取り出します。
　-1 を指定した場合、イテラブルの一番右の要素を取り出します。次ページに例を示します。

```
1    # http://tinyurl.com/hyju2t5
2
3    author = "Kafka"
4    author[-1]
```

>> a

インデックス値に -2 を指定した場合、右から2つ目の要素を取り出します。そして -3 なら右から3つ目を取り出します。

```
1    # http://tinyurl.com/jtpx7sr
2
3    author = "Kafka"
4    author[-2]
5    author[-3]
```

>> k

>> f

文字列はイミュータブル

文字列は、タプルと同じようにイミュータブルです。文字列は、その一部を別の文字に入れ替えられません。文字を入れ替えたいときは、新しい文字列を作らなければなりません[訳注1]。

```
# http://tinyurl.com/hsr83lv

ff = "F. Fitzgerald"
ff = "F. Scott Fitzgerald"
ff
```

>> 'F. Scott Fitzgerald'

Pythonには、ある文字列からちょっとだけ変更した新しい文字列を作り出すメソッドが、いくつもあります。そういったメソッドについて、本章で

....

[訳注1] 文字列を置換したい場合には、replaceメソッドを使う手もあります。

第6章　文字列操作

後ほど紹介します。

文字列の足し算

　2つ以上の文字列を足し算の演算子で1つにできます。足し算すると、最初の文字列に続けて2つ目の文字列が並んだ新しい文字列が作られます。このような文字列の足し算のことを連結と言います。

```
1  # http://tinyurl.com/h4z5mlg
2
3  "cat" + "in" + "hat"
```

>> 'catinhat'

```
1  # http://tinyurl.com/gsrajle
2
3  "cat" + " in" + " the" + " hat"
```

>> 'cat in the hat'

文字列のかけ算

　文字列に対してかけ算の演算子を使うことで、整数をかけることができます。

```
1  # http://tinyurl.com/zvm9gng
2
3  "Sawyer" * 3
```

>> SawyerSawyerSawyer

大文字小文字変換

　文字列をすべて大文字にするには、upperメソッドを使います。

91

```
1  # http://tinyurl.com/hhancz6
2
3  "We hold these truths...".upper()
```

>> 'WE HOLD THESE TRUTHS...'

　同様に、すべての文字を小文字に変換するには、lowerメソッドを使います。

```
1  # http://tinyurl.com/zkz48u5
2
3  "SO IT GOES.".lower()
```

>> 'so it goes.'

　文字列の最初の文字を大文字で書くことをキャピタライズと言います。capitalizeメソッドを使えば文字列の先頭だけを大文字に、残りを小文字に変換できます[訳注2]。

```
1  # http://tinyurl.com/jp5hexn
2
3  "four score and...".capitalize()
```

>> 'Four score and...'

書式化

　formatメソッドを使えば、文字列の一部をあとで穴埋めして新しい文字列を返せます。書式化（フォーマット）文字列は、あとで置き換えたい部分を波カッコで書いておき、書式化操作（formatメソッド呼び出し）で置き換える値を渡します。

....

[訳注2] これは日本語入力による全角の英字にも適用されます。
```
>>> "we Hold".upper()
'WE HOLD'
>>> "we Hold".lower()
'we hold'
>>> "we Hold".capitalize()
'We hold'
```

第 6 章　文字列操作

```
1    # http://tinyurl.com/juvguy8
2
3    "こんにちは、{}".format("ウィリアム・フォークナー")
```

>> 'こんにちは、ウィリアム・フォークナー'

formatメソッドには変数も渡せます。

```
1    # http://tinyurl.com/zcpt9se
2
3    name = "ウィリアム・フォークナー"
4    "こんにちは、{}".format(name)
```

>> 'こんにちは、ウィリアム・フォークナー'

波カッコは文字列中に何回でも書いておけます。

```
1    # http://tinyurl.com/z6t6d8n
2
3    author = "ウィリアム・フォークナー"
4    year_born = "1897"
5
6    "{} は {} 年に生まれました。".format(author, year_born)
```

>> 'ウィリアム・フォークナー は 1897 年に生まれました。'

formatメソッドは、プログラムの利用者が入力した文字を使って文字列
を組み立てるときなどに便利です。

```
1    # http://tinyurl.com/gnrdsj9
2
3    what = input("何が:")
4    when = input("いつ:")
5    where = input("どこで:")
6    do = input("どうした:")
7
8    r = "{}は{}に{}で{}。".format(what, when, where, do)
9    print(r)
```

>> 何が:

93

このプログラムは、何が、いつ、どこで、どうした、をそれぞれ1つずつ
聞いてきます。こうして入力された文字を使って書式化操作を行い、新しい
文字列を作って出力します。

分割

文字列のsplitメソッドを使うと、1つの文字列を複数の文字列に分割で
きます。splitメソッドの引数に、どの文字で分割したいかの文字列を渡
すと、文字列内にあるその文字を境に、複数の文字列に分割した結果がリス
トで返されます。たとえば、"水たまりを飛び越えたんだ。3メートルもあっ
たんだぜ！"を句点で分割すると、2つの文字列になります。

```
1   # http://tinyurl.com/he8u28o
2
3   "水たまりを飛び越えたんだ。3メートルもあったんだぜ！".split("。")
```

>> ['水たまりを飛び越えたんだ', '3メートルもあったんだぜ！']

この例では、splitした結果として2つの要素を持つリストが返されます。
句点で区切っているので、句点の前までの文字列と、句点の次以降の文字列
に分かれています。

結合

文字列のjoinメソッドを使うと、すべての文字列の間に新しい文字列を
追加できます。

```
1   # http://tinyurl.com/h2pjkso
2
3   first_three = "abc"
4   result = "+".join(first_three)
5   result
```

>> 'a+b+c'

次は、空文字列のjoinメソッドの引数に、文字列を要素に持つリストを
渡してみましょう。

94

第6章　文字列操作

```
1   # http://tinyurl.com/z49e3up
2
3   words = ["The", "fox", "jumped",
4       "over", "the", "fence", "."]
5   one = "".join(words)
6   one
```

>> 'Thefoxjumpedoverthefence.'

　これだと文字列が隙間なくすべて連結されてしまうので、空白文字で連結するように変えてみましょう。

```
1   # http://tinyurl.com/h4qq5oy
2
3   words = ["The", "fox", "jumped",
4       "over", "the", "fence", "."]
5   one = " ".join(words)
6   one
```

>> 'The fox jumped over the fence .'

空白除去

　文字列の最初と最後に空白が含まれていることがあります。これを取り除くには、stripメソッドを使います[訳注3、訳注4]。

```
1   # http://tinyurl.com/jfndhgx
2
3   s = "    The     "
4   s = s.strip()
5   s
```

>> 'The'

....

[訳注3] stripには、服を脱ぐ、皮をむく、剥がす、といった意味があります。この場合、空白文字に包み込まれている文字列から、最初と最後の空白文字列を剥がします。
[訳注4] 日本語文字の全角スペースもstripメソッドで剥がせます。

95

置換

文字列のreplaceメソッドを使うと、引数に指定した文字列を別の文字列に置き換えます。最初の引数は、置き換え対象の文字列です。2つ目の引数は置き換えに使う文字列です。

```
1  # http://tinyurl.com/zha4uwo
2
3  equ = "All animals are equal."
4  equ = equ.replace("a", "@")
5  print(equ)
```

>> All @nim@ls @re equ@l.

文字を探す

ある文字が文字列内で最初に現れる位置を探すにはindexメソッドを使います。探したい文字をindexメソッドの引数に渡すと、最初にその文字が現れた位置のインデックス値を返します。

```
1  # http://tinyurl.com/hzc6asc
2
3  "animals".index("m")
```

>> 3

文字列に含まれていない文字を引数に指定すると、Pythonは例外を発生させます。

```
1  # http://tinyurl.com/jmtc984
2
3  "animals".index("z")
```

>> ValueError: substring not found

文字列に含まれているかどうか分からない文字のインデックス値を調べるときは、例外が発生する前提で例外処理を書いておきましょう。

第6章　文字列操作

```
1   # http://tinyurl.com/zl6q4fd
2
3   try:
4       "animals".index("z")
5   except:
6       print("Not found.")
```

>> Not found.

包含

　in演算子を使って、指定した文字列を含んでいるかどうか調べられます。評価結果として、包含しているかどうかが True か False で返されます。

```
1   # http://tinyurl.com/hsnygwz
2
3   "Cat" in "Cat in the hat."
```

>> True

```
1   # http://tinyurl.com/z9b3e97
2
3   "Bat" in "Cat in the hat."
```

>> False

　not in 演算子を使うと、包含していないことを確認できます。

```
1   # http://tinyurl.com/jz8sygd
2
3   "Potter" not in "Harry"
```

>> True

97

エスケープ文字

文字列の中にクォート文字を含めると、構文エラーになります。

```
1   # http://tinyurl.com/zj6hc4r
2
3   # このコードは動作しません
4
5   "彼女は "そうだね" と言った"
```

>> SyntaxError: invalid syntax

このエラーを起こさないようにクォート文字を文字列内に含めるには、クォート文字の前にバックスラッシュを付けます。

```
1   # http://tinyurl.com/jdsrr7e
2
3   "彼女は \"そうだね\" と言った"
```

>> '彼女は "そうだね" と言った'

```
1   # http://tinyurl.com/zr7o7d7
2
3   '彼女は \'そうだね\' と言った'
```

>> "彼女は 'そうだね' と言った"

Pythonにおいて**エスケープ文字**とは、特定の文字の前に記号を書くことにより、特別な意味を持たせるものです。前述の例ではクォートの前にバックスラッシュ記号を書きました。これで、そのクォート文字が文字列の終端ではなくクォート文字そのものを意味するとPythonに解釈させられます。Pythonではバックスラッシュがエスケープ文字として使われています[注釈5]。

[注釈5] 多くのWindows日本語版の場合、半角の¥記号がバックスラッシュ（逆向きの / 記号）と同じ意味です。このため、プログラミングの文章で「バックスラッシュ」と「半角¥記号」を同じものとして読み替えてください。
macOSの場合、半角¥記号とバックスラッシュが別の記号として入力されることに注意してください。macOSでは、バックスラッシュを入力するところで半角¥記号を入力すると正しく動作しません。

第6章　文字列操作

ダブルクォートで挟んで表現している文字列内では、シングルクォートは
エスケープなしで使えます。

```
1  # http://tinyurl.com/hoef63o
2
3  "彼女は 'そうだね' と言った"
```

>> "彼女は 'そうだね' と言った"

同じように、シングルクォートで挟んで表現している文字列内では、ダブ
ルクォート文字をエスケープせずに使えます。

```
1  # http://tinyurl.com/zkgfawo
2
3  '彼女は "そうだね" と言った'
```

>> '彼女は "そうだね" と言った'

改行

\n が文字列内に含まれると、その文字が改行に置き換わります。

```
1  # http://tinyurl.com/zyrhaeg
2
3  print("line1\nline2\nline3")
```

>> line1

>> line2

>> line3

スライス

スライスは、繰り返し可能なオブジェクトの一部分を取り出して、新しく
生成した繰り返し可能なオブジェクトを返します。文字列の場合、文字列の
一部を返します。スライスの構文は以下の通りです。

［イテラブル］［［開始インデックス］：［終了インデックス］］

99

開始インデックスはスライスの開始位置を表すインデックス値で、**終了イ
ンデックス**はそこに到達したらスライスの取り出しを終了するインデックス
値です。

次のコードは、リストをスライスする動作です。

```
1   # http://tinyurl.com/h2rqj2a
2
3
4   fict = ["トルストイ", "カミュ", "オーウェル",
5           "ハクスリー", "オースティン"]
6   fict[0:3]
```

>> ['トルストイ', 'カミュ', 'オーウェル']

スライスでは、開始インデックス位置の要素は含みますが、終了インデック
ス値についてはその手前の要素までしか含みません。このため、"トルス
トイ"（インデックス０）から"オーウェル"（インデックス２）までをス
ライスで取り出すには、開始インデックスを０、終了インデックスを３に
指定します。

次は、文字列のスライスのコード例です。

```
1   # http://tinyurl.com/hug9euj
2
3   ivan = "死の代わりにひとつの光があった。"
4   ivan[0:6]
5   ivan[6:16]
```

>> '死の代わりに'
>> 'ひとつの光があった。'

インデックス０から始めるときは、開始インデックスを省略できます。

```
1   # http://tinyurl.com/judcpx4
2
3   ivan = "死の代わりにひとつの光があった。"
4   ivan[:6]
```

>> '死の代わりに'

100

第6章　文字列操作

　最後の要素までを含めて終了インデックスを指定したい場合、終了インデックスを省略できます。

```
1  # http://tinyurl.com/zqoscn4
2
3  ivan = "死の代わりにひとつの光があった。"
4  ivan[6:]
```

>> 'ひとつの光があった。'

　開始インデックス、終了インデックスどちらも空にした場合、元のイテラブルのコピーが作られます。

```
1  # http://tinyurl.com/zqvuqoc
2
3  ivan = "死の代わりにひとつの光があった。"
4  ivan[:]
```

>> "死の代わりにひとつの光があった。"

用語集

マイナスインデックス：イテラブルは通常、左から右にインデックス値を数えていきます。マイナスインデックスを指定した場合、右から数えて要素を取り出します

エスケープ文字：Pythonでは、特定の文字の前に記号を書くことにより、特別な意味を持たせることができます。本文中の例では、クォートの前にバックスラッシュ記号を書きました。これにより、そのクォート文字が文字列の終端ではなく、クォート文字そのものを意味するように、Pythonに解釈させられます

スライス：イテラブルの一部分を取り出して新しいイテラブルを返す方法

開始インデックス：スライス開始位置のインデックス値

終了インデックス：このインデックス値に到達したらスライスの取り出しを終了するインデックス値

101

チャレンジ

1. 文字列 "カミュ" に含まれているすべての文字を1文字ずつ出力しよう。

2. 2つの文字列を入力させるプログラムを書こう。その文字列をそれぞれ、別の文字列の2つの個所に穴埋めした新しい文字列を作ろう。
   "私は昨日 [入力1] を書いて、[入力2] に送った！"
   そして、それを出力しよう。

3. 文法的には正しい文章を書いた文字列 "aldous Huxley was born in 1894." の先頭をメソッドを使って大文字にしよう。

4. 文字列 "どこで?　だれが?　いつ?"をメソッドで分割して、["どこで?", "だれが?", "いつ?"] のようなリストにしよう。

5. リスト ["The", "fox", "jumped", "over", "the", "fence", "."] の文字列を正しい英文になるように連結しよう。単語と単語の間は空白が必要ですが、最後のピリオドの前には空白は不要です。文字列を要素に持つリストを1つに連結するメソッドがあることを忘れずに！

6. 文字列 "A screaming comes across the sky." に含まれるすべての "s" をドル記号に置き換えた文字列を作ろう。

7. メソッドを使って、"Hemingway" の中で最初に "m" が出現するインデックスを調べよう。

8. 好きな本の台詞を探して、Pythonの文字列にしよう。ただし、クォート文字が含まれている台詞を選ぶこと。

9. 文字列を "+" で結合して "three three three" という文字列を作ろう。また、"*" を使って同じ文字列を作ってみよう。

10. 文字列 "四月の晴れた寒い日で、時計がどれも十三時を打っていた。"をスライスして、「、」の前までの部分文字列を作ろう。

解答：http://tinyurl.com/hapm4dx

第6章　文字列操作

メモ欄

PART 1

第7章

ループ

始めさえすれば、8割は成功したようなものだ。
—— **Woody Allen（ウディ・アレン）**

本書で2つ目に紹介したプログラムは、Hello, World!を100回表示するものでした。その動きを作るのに使われたのが**ループ**（繰り返し）です。ループは、条件を満たしている間ずっと、与えられた処理を繰り返すコードです。本章では、ループをいつ、どうやって使うのかを学びます。

forループ

ここでは、forを使ったループを学びましょう。**forループ**は、イテラブルを繰り返し処理するために使われます。この処理のことを**反復処理**と言います。forループでは、与えられたコード群を1ループにつき1回実行します。そして、1回のループごとにイテラブルから渡される要素を、ループで実行されるコード群で使ったり操作したりします。たとえば、文字列を要素に持つリストをforループのイテラブルとして与えて、要素.upper() のようにメソッドで文字を大文字にして出力できます。

forループの構文は以下のように定義できます。

for [変数名] in [イテラブル]:
　　[コードブロック]

[変数名]には自由に名前を指定して、イテラブルの要素を割り当てるために使えます。[コードブロック]は1行以上のコードで、ループごとに1回実行されます。

次ページのコードは、forループを使って文字列を1文字ずつ取り出しています。

104

第 7 章　ループ

```
1   # http://tinyurl.com/jya6kpm
2
3   name = "Ted"
4   for character in name:
5       print(character)
```

>> T

>> e

>> d

ループが回るたびに、変数 character にはイテラブルな変数 name から
取り出した新しい要素が割り当てられます。ループの1回目には、変数
character にはイテラブルな変数 name の最初の文字が割り当てられるの
で、T が出力されます。ループの2回目には、変数 character にはイテラ
ブルな変数 name の2番目の文字が割り当てられるので、e が出力されます。
この処理は、イテラブルの要素がすべて character に割り当て終わるまで
繰り返されます。次のコードは、forループでリストの要素を繰り返す例です。

```
1   # http://tinyurl.com/zeftpq8
2
3   shows = ["GOT", "Narcos", "Vice"]
4   for show in shows:
5       print(show)
```

>> GOT

>> Narcos

>> Vice

次の例は、forループでタプルの要素を繰り返します。

```
1   # http://tinyurl.com/gpr5a6e
2
3   coms = ("A. Development", "Friends", "Always Sunny")
4   for show in coms:
5       print(show)
```

>> A. Development

>> Friends

>> Always Sunny

105

そして次の例は、forループで辞書のキーを要素として繰り返します[訳注1]。

```
1   # http://tinyurl.com/jk7do9b
2
3   people = {"G. Bluth II": "A. Development",
4            "Barney": "HIMYM",
5            "Dennis": "Always Sunny",
6            }
7
8   for character in people:
9       print(character)
```

>> Dennis

>> Barney

>> G. Bluth II

forループを使って、リストなどのミュータブルなイテラブルを更新できます。

```
1   # http://tinyurl.com/j8wvp8c
2
3   tv = ["GOT", "Narcos", "Vice"]
4   i = 0
5   for show in tv:
6       new = tv[i]
7       new = new.upper()
8       tv[i] = new
9       i += 1
10
11
12  print(tv)
```

>> ['GOT, 'NARCOS', 'VICE']

この例では、list データ型の変数 tv をforループで繰り返しました。ループで取り出した要素がリストの何番目なのかを**インデックス変数**に持たせています。このインデックス変数 i は、0 から始まってループするごとに1つずつ値が増えていきます。インデックス変数を使えば、現在の要素を改め

[訳注1] 出力の順番は異なる場合があります。詳しくは第5章を参照してください。

てリストから取り出したり、リストのその位置に新しい要素 new を代入し
直したりできます。

　この例では、リストから取り出してから、変数 new のupperメソッドを
呼んで、その結果を new に再代入します。この新しい new の値でリストの
元の値を置き換えるために、インデックス変数でリストの位置を指定して代
入します。ループの最後に、i をインクリメントして、次のループで扱う要
素とインデックス変数の値を合わせます。

　Pythonには、各要素のインデックス値を自動的に用意してくれる有名な
方法があります。次のコードがその構文です。

```
1   # http://tinyurl.com/z45g63j
2
3   tv = ["GOT", "Narcos", "Vice"]
4   for i, new in enumerate(tv):
5       new = tv[i]
6       new = new.upper()
7       tv[i] = new
8
9   print(tv)
```

>> ['GOT', 'NARCOS', 'VICE']

　tvを繰り返す代わりに、tv を enumerate 関数に渡してこれを繰り返し
ます。こう書くと、for の変数として、現在のループにおけるインデック
ス値を受け取る i を追加できます。

　forループの中で、そのデータを加工して別のリストに追加できます。た
とえば次のコードは、文字列を要素に持つ2つのリストそれぞれについて、
各要素の文字列をすべて大文字にしてから、新しいリストに追加しています。

```
1   # http://tinyurl.com/zcvgklh
2
3   tv = ["GOT", "Narcos", "Vice"]
4   coms = ["Arrested Development", "friends", "Always Sunny"]
5   all_shows = []
6
7   for show in tv:
8       show = show.upper()
9       all_shows.append(show)
```

107

```
10
11  for show in coms:
12      show = show.upper()
13      all_shows.append(show)
14
15  print(all_shows)
```

>> ['GOT', 'NARCOS', 'VICE', 'ARRESTED DEVELOPMENT',
'FRIENDS', 'ALWAYS SUNNY']

　この例には、3つのリスト tv、coms、all_shows が登場します。1つ目のループでは、リスト tv の要素を順番に upper メソッドで大文字に置き換えてから、リスト all_shows に追加しています。2つ目のループでは、同じことをリスト coms に対して行います。最後にリスト all_shows を出力すれば、最初の2つのリスト tv と coms の要素が、すべて大文字で格納されていることが分かります。

range

　組み込み関数 range は、整数を順番に生成してくれます。これをforループに渡して、繰り返しに使えます。range 関数には2つの引数、整数列の開始値と、終了値を指定できます。range 関数から返される整数列には、range 関数の1つ目の引数の値は含まれていますが、2つ目の値は含まれません。次のコードは、range 関数を使って整数列を作り、繰り返し処理を行う例です。

```
1  # http://tinyurl.com/hh5t8rw
2
3  for i in range(1, 11):
4      print(i)
```

>> 1
...
>> 9
>> 10

　この例では、range 関数から返されたイテラブルの要素を順番に出力す

108

第7章　ループ

るためにforループを使いました。プログラマーは、このように整数のリストを繰り返し処理する際に、よく変数名に i を使います。

whileループ

ここでは、while を使ったループを学びましょう。**whileループ**は、式がTrue に評価されている間、コードの実行を繰り返します。whileループの構文は以下の通りです。

while [式]:
    [コードブロック]

[式]には、ループを繰り返すかどうかを決定する条件を指定し、[コードブロック]にはループで実行するコードを書きます。

```
1   # http://tinyurl.com/j2gwlcy
2
3   x = 10
4   while x > 0:
5       print('{}'.format(x))
6       x -= 1
7   print("Happy New Year!")
```

>> 10

>> 9

>> 8

>> 7

>> 6

>> 5

>> 4

>> 3

>> 2

>> 1

>> Happy New Year!

このwhileループはヘッダーに指定した条件 x > 0 が True に評価される間、コードの実行を繰り返します。最初のループでは x は 10 なので、x > 0

109

は True に評価されます。whileループのコードで x を出力してから、x を1つ
デクリメントします。これで、x は 9 になります。次のループで、また x の値
を出力してから、デクリメントして、x は 8 になります。この処理は何度か繰
り返され、x が 0 になって、x > 0 が False になったら終了します。そし
てPythonはループの次の行を実行して、Happy New Year!が出力されます。

　常に True に評価される式をwhileループの条件に指定した場合、ループ
は永久に繰り返されます。このような終了しないループのことを**無限ループ**
と言います。次のコードは無限ループの例です（無限ループを止めるには、
Pythonの対話シェルでキーボードのControlキーを押しながらcキーを押し
てください）。

```
1   # http://tinyurl.com/hcwvfk8
2
3   while True:
4       print("Hello, World!")
```

>> Hello, World!

...

　この例のwhileループは、ヘッダーに指定した条件が True に評価される
間、コードの実行を繰り返します。この例で指定した式 True は常に True
に評価されるので、このループは永久に繰り返されます。

break

　break文はループを終了するための文で、breakキーワードを使います。
次のコードは、break文を使わずに100回繰り返す例です。

```
1   # http://tinyurl.com/zrdh88c
2
3   for i in range(0, 100):
4       print(i)
```

>> 0

>> 1

...

110

第7章 ループ

このコードにbreak文を追加すると、ループは1回だけ実行されます。

```
1  # http://tinyurl.com/zhxf3uk
2
3  for i in range(0, 100):
4      print(i)
5      break
```

>> 0

Pythonは、break文に到達するとすぐにループを終了します。whileループとbreak文を組み合わせて、ユーザーが q を入力するまでループを繰り返すプログラムが書けます。

```
1  # http://tinyurl.com/jmak8tr
2
3  qs = ["What is your name?",
4        "What is your fav. color?",
5        "What is your quest?"]
6  n = 0
7  while True:
8      print("Type q to quit")
9      a = input(qs[n])
10     if a == "q":
11         break
12     n = (n + 1) % 3
```

>> Type q to quit
>> What is your name?

このプログラムは、ループのなかでリスト qs にある質問を繰り返し表示します。n はインデックス値です。ループのなかで (n + 1) % 3 の評価結果をnに割り当てています。この n を使って、リスト qs にある質問を循環して取り出します。最初のループが始まるとき、n は 0 です。ループ処理の最後の行で (0 + 1) % 3 が評価された結果として 1 が n に割り当てられます。

その次のループでは、(1 + 1) % 3 の評価結果として 2 が n に割り当てられます。これは、剰余演算子の左の値 (2) が右の値 (3) よりも小さいので、左の値が使われるためです。そして次のループでは (2 + 1) % 3

111

の評価結果が 0 になり、n が 0 に戻ります。

continue

continue文は、実行中の反復処理を途中で終了して、次の反復処理を開始します。この文はcontinueキーワードを使って書きます。たとえば、1 から 5 までの数字を出力したいけど 3 は除きたい、とします。そこで、forループとcontinue文を組み合わせてプログラムを書いてみましょう。

```
1   # http://tinyurl.com/hflun4p
2
3   for i in range(1, 6):
4       if i == 3:
5           continue
6       print(i)
```

>> 1
>> 2
>> 4
>> 5

このループでは、i が 3 の場合にcontinue文が実行されます。break文とは違って、continue文ではループは終了しません。continue文が実行されると、それ以降のコードは実行されずに、すぐ次のループが始まります。このため、i が 3 のときはcontinue文が実行されて続きのコードは実行されないので、3 は出力されません。

同じ目的のコードをwhileループとcontinue文でも書けます。

```
1   # http://tinyurl.com/gp7forl
2
3   i = 1
4   while i <= 5:
5       if i == 3:
6           i += 1
7           continue
8       print(i)
9       i += 1
```

第7章　ループ

```
>> 1
>> 2
>> 4
>> 5
```

入れ子のループ

ループを組み合わせる方法はさまざまです。たとえば、ループの中でループさせたり（二重ループ）、さらにその中でループさせたりできます（三重ループ）。ループを何段まで重ねられるかに上限はありませんが、何段も重ねたくない、と思うでしょう[訳注2]。

ループの中にループを書くことを入れ子のループ、あるいはネストしたループと言います。ループを持つループのことを**外側のループ**、ループの中にあるループのことを**内側のループ**と言ったりもします。入れ子のループは、外側のループが1回まわるごとに、内側のループが全部回ります。

```
1  # http://tinyurl.com/gqjxjtq
2
3  for i in range(1, 3):
4      print(i)
5      for letter in ["a", "b", "c"]:
6          print(letter)
```

```
>> 1
>> a
>> b
>> c
>> 2
>> a
>> b
>> c
```

[訳注2]　何段も重ねると、プログラムを把握しづらくなります。3段目のループを書くような場合は、「なにかマズいことが起きているんじゃないか?」と疑ってみるのがよいでしょう。

113

リスト["a", "b", "c"]を回すforループは、外側のループが繰り返されるごとに実行されます。この例では、外側のループが2回繰り返します。外側を3回に変えれば、内側のループは3回繰り返されます。

次のコードは、2つのリストの数値それぞれのすべての組み合わせを足し算した結果を、新しいリストに格納します。

```
1   # http://tinyurl.com/z7duawp
2
3   list1 = [1, 2, 3, 4]
4   list2 = [5, 6, 7, 8]
5   added = []
6   for i in list1:
7       for j in list2:
8           added.append(i + j)
9
10  print(added)
```

>> [6, 7, 8, 9, 7, 8, 9, 10, 8, 9, 10, 11, 9, 10, 11, 12]

1つ目のループで list1 のすべての要素が繰り返されます。各要素に、2つ目のループが list2 に対して繰り返され、1つ目のループの要素と2つ目のループの要素が足し算された結果が added リストに追加されます。1つ目のループの要素は i に割り当てたので、2つ目のループの要素は j という名前の変数に割り当てました。

forループをwhileループの中に入れ子にできるし、その逆もできます。

```
1   # http://tinyurl.com/hnprmmv
2
3   while input('y or n?') != 'n':
4       for i in range(1, 6):
5           print(i)
```

>> y or n? y

1

2

3

4

5

114

```
y or n? y
1
2
3
4
5
y or n? n
```

このコードは、ユーザーがnを入力するまで、繰り返し1から5までの数値を出力します。

用語集

ループ：条件を満たしている間にずっと、与えられた処理を繰り返すコード
反復処理（イテレーション）：ループを使って、イテラブルなオブジェクトの要素を順番に取り出すこと
forループ：文字列、リスト、タプル、辞書などの、イテラブルなオブジェクトを繰り返し処理すること
インデックス変数：繰り返しの何回目なのかを表す整数値の変数
whileループ：式が True に評価されている間、コードの実行を繰り返すループ
無限ループ：永久に終了しないループ
break文：breakキーワードを使う文で、ループを終了する
continue文：continueキーワードを使う文で、実行中の反復処理を途中で終了して、次の反復処理を開始する
外側のループ：入れ子のループを持つループ
内側のループ：ループの内側に入れ子になっているループ

チャレンジ

1. 次のリストの要素をそれぞれ出力しよう。["ウォーキング・デッド", "アントラージュ", "ザ・ソプラノズ", "ヴァンパイア・ダイアリーズ"]

2. 25から50までの数値をそれぞれ出力しよう。

3. チャレンジ1のリストの要素をそれぞれ、インデックス値と一緒に出力しよう。

4. 無限ループする数字当てプログラムを書こう。ユーザーに文字を入力してもらい、q が入力されたら終了、数字が入力されたら正解かどうか判定しよう。正解の数値はプログラム内にいくつかリストで持たせておいて、ユーザーが入力した数字がそのどれかと一致したら「正解」、一致しなかったら「不正解」と表示しよう。もし数字か q 以外の文字が入力されたら、「数字を入力するか、qで終了します」と表示しよう。

5. 2つのリストに含まれるすべての数字の組み合わせでかけ算しよう。1つ目のリストは[8, 19, 148, 4]、2つ目のリストは[9, 1, 33, 83]で、それぞれかけ算した結果は新しいリストに格納しよう。

解答：http://tinyurl.com/z2m21l5

第 7 章　ループ

メモ欄

PART 1

第 **8** 章

モジュール

> 不屈の努力と熱情は、何歳でも奇跡を起こす。
>
> —— George Washington（ジョージ・ワシントン）

　10,000行のプログラムを書くことを想像してみてください。そのプログラムをすべて1つのファイルに書こうとすると、ソースを把握して読み書きするのが難しくなっていきます。エラーや例外が発生するたびに、問題が起きている1行を見つけるために10,000行ものコードをスクロールしなければいけません。

　プログラマーはこの問題を解決するために、大きなプログラムを複数に分割します。Pythonでは、分割したコードを書いておくファイルそれぞれを**モジュール**と言います。言い換えればモジュールは、コードを収めたPythonファイル（.py拡張子付きのファイル）です。Pythonでは、あるモジュールから別のモジュールのコードが使えます。

　Pythonには、Python本体に含まれていて重要な機能を提供する、**組み込みモジュール**もあります。本章では、モジュールとその使い方について学びます。

重要な組み込みモジュール

　モジュールを使うには、まず**インポート**します。インポートとは、これから使いたいモジュールはどれなのかをPythonに伝えることです。モジュールをインポートする構文は以下の通りです。

`import [モジュール名]`

[モジュール名]の部分をインポートしたいモジュール名に置き換えます。モジュールを一度インポートしたら、モジュール内にある変数や関数が使えるようになります。

　Pythonには数多くのモジュールがあります。math モジュールには数学

118

第8章　モジュール

関連の機能が含まれています。Pythonの組み込みモジュールの一覧は以下にあります。

https://docs.python.org/ja/3/py-modindex.html

次のコードはPythonの math モジュールをインポートする例です。

```
1   # http://tinyurl.com/h3ds93u
2
3   import math
```

一度モジュールをインポートしたら、次の構文でモジュール内のコードを利用できます。

[モジュール名].[コード]

[モジュール名]はインポート済みのモジュール名に置き換えてください。[コード]は関数や変数などの名前で、モジュールの中で使いたいものを指定します。

次に示すコードは、math モジュールをインポートして、そのモジュールの pow 関数に2つの引数 x と y を渡して呼び出している例です。x の y 乗が計算されます。

```
1   # http://tinyurl.com/hyjo59s
2
3   import math
4
5   math.pow(2, 3)
```

>> 8.0

まず、math モジュールをファイルの先頭でインポートしています。インポートは、ファイルの先頭でするべきです。これは、そのプログラムで使っているモジュールを、誰でもファイルを開いたらすぐに分かるようにするためです。次に、pow 関数を math.pow(2, 3) のように記述して呼び出します。この関数は 8.0 を結果として返します。

random という別の組み込みモジュールもあります。その中の randint 関数は、整数の乱数を発生させます。関数に2つの整数を渡すと、その2つの整数の範囲で乱数を生成して返します。

119

```
1   # http://tinyurl.com/hr3fppn
2
3   # 実行結果の出力は毎回変わるだろう
4   # これはランダムだから！
5
6   import random
7
8   random.randint(0,100)
```

>> 52

別の組み込みモジュールである statistics は、整数のリストから平均
値（mean）、中央値（median）、最頻値（mode）を計算して返します。

```
1    # http://tinyurl.com/jrnznoy
2
3    import statistics
4
5    # mean
6    nums = [1, 5, 33, 12, 46, 33, 2]
7    statistics.mean(nums)
8
9    # median
10   statistics.median(nums)
11
12   # mode
13   statistics.mode(nums)
```

>> 18.857142857142858

>> 12

>> 33

ある文字列がPythonのキーワードかどうかは、組み込みモジュール
keyword でチェックできます。

120

第8章 モジュール

```
1   # http://tinyurl.com/zjphfho
2
3   import keyword
4
5   keyword.iskeyword("for")
6   keyword.iskeyword("football")
```

>> True

>> False

ほかのモジュールをインポートする

ここでは、新しいモジュールを作って、それを別のモジュールからインポートして使ってみましょう。最初に、コンピューターに tstp という名前で新しいフォルダを作ってください。そして、そのフォルダに hello.py ファイルを作成します。hello.py ファイルには以下のコードを書いて保存してください。

```
1   # http://tinyurl.com/z5v9hk3
2
3   def print_hello():
4       print("Hello")
```

次に、tstp フォルダに project.py という名前で別のPythonファイルを作成し、以下のコードを書いて保存してください。

```
1   # http://tinyurl.com/j4xv728
2
3   import hello
4
5   hello.print_hello()
```

>> Hello

このコード例では、先に作成したモジュール (hello.py) をもう1つのモジュール (project.py) からimportキーワードを使ってインポートしました。

121

モジュールをインポートすると、そのモジュールのコードはすべて実行されます。試しに、module1.py ファイルを以下の内容で書いて保存してください。

```
1   # http://tinyurl.com/zgyddhp
2
3   # code in module1
4   print("Hello!")
```

>> Hello!

この module1.py のコードは、ほかのモジュールである module2.py からインポートされるときに実行されます。

```
1   # http://tinyurl.com/jamt9dy
2
3   # code in module2
4   import module1
```

>> Hello!

この動作は不便かもしれません。たとえば、モジュールに動作確認用のテストコードを書いている場合、そのモジュールがインポートされたときに実行されたくはないでしょう。この問題を避けるためには、モジュールに書くコードを if __name__ == "__main__": という文の下に書きます。先ほどの module1.py の場合、次のようにコードを書き換えます。

```
1   # http://tinyurl.com/j2xdzc7
2
3   # code in module1
4   if __name__ == "__main__":
5       print("Hello!")
```

>> Hello!

第8章　モジュール

　この module1.py をPythonで直接実行したときの結果は、変更前と同じです。しかし、module1.py を module2.py からインポートしたときは、module1.py の print 関数は実行されず、Hello!も出力されないように動作が変わります。

```
1    # http://tinyurl.com/jjccxds
2
3    # code in module2
4    import hello
```

用語集

モジュール：コードを収めたPythonファイルのこと
組み込みモジュール：Python本体に含まれていて重要な機能を提供するモジュール
インポート：どのモジュールをこれから使おうとしているのかをPythonに伝えるコード

チャレンジ

1. statistics モジュールの別の関数を呼んでみよう。
2. cubed という名前のモジュールを作って関数を1つ書こう。関数は1つの数値を引数として受け取り、渡された数値を3乗して返そう。このモジュールをほかのモジュールからインポートして関数を呼び出そう。

解答：http://tinyurl.com/hlnsdot

PART 1

第 **9** 章

ファイル

独学こそが唯一の教育である、私はそう強く信じている。
—— **Isaac Asimov**（アイザック・アシモフ）

Pythonでファイルを操作してみましょう。Pythonでファイルを読み込んだり、何かのデータをファイルに書き出したりできます。ファイルからデータを**読み込む**というのは、ファイルのデータを操作するということです。データを**書き出す**というのは、ファイルに書かれているデータの一部を変更したり、付け足したりする、ということです。本章では、ファイルを扱う方法の基礎を学びましょう。

ファイルに書き出す

Pythonでファイルを読み書きするには、最初に組み込み関数 open を使って開きます。open 関数は2つの引数を受け取ります。1つ目は、開こうとしているファイルのパスを表す文字列です。2つ目はファイルをどんなモードで開きたいのかを表す文字列です。

ファイルへのパス、または**ファイルパス**というのは、コンピューターのどこにファイルがあるかを表しています。たとえば、/Users/bob/st.txt というファイルパスは、st.txt というファイルへのパスです。st.txt 以外の部分はスラッシュ記号で各単語が区切られていて、それぞれがフォルダ名を表しています。このフォルダとファイルをスラッシュで区切った文字列がファイルパスで、ファイルがどのフォルダにあるかを表します。

もし、ファイルパスにファイル名しかなくて、スラッシュで区切られたフォルダ名を含んでいない場合、Pythonはプログラムを実行したときのフォルダの中から、指定されたファイルを探します。

ファイルパスを手書きで書くべきではありません。Windowsではファイルパスの区切りにバックスラッシュ（\）を使います。プログラムをmacOS

124

第9章　ファイル

でもWindowsでも正しく動作させたいのであれば、トラブルを避けるため、ファイルパスを組み立てるときにPythonのosモジュールを使ってやりましょう。os.path.join 関数は、複数のフォルダ名を引数として受け取り、そのフォルダ名からパスを組み立てます。

```
1   # http://tinyurl.com/hkqfkar
2
3   import os
4   os.path.join("Users", "bob", "st.txt")
```

>> 'Users/bob/st.txt'

os.path.join 関数を使って組み立てたファイルパスは、どのOSでも動作するでしょう。それでも、ファイルパスの扱いは若干トラブルになりやすいものです。もしハマってしまったら、以下を訪れてみてください[訳注1]。

https://theselftaughtprogrammer.io/filepaths

モードは、open 関数がファイルを開くときにどのように動作するべきかを決定するための引数です。ここでは、いくつかのモードを紹介します。

・"r"は、ファイルを読み込み専用で開きます。
・"w"は、ファイルを書き出し専用で開きます。もし、すでにあるファイルパスを指定した場合、ファイルは上書きされます。ファイルがまだない場合、新しいファイルが作られます。
・"w+"は、読み書き両方できるようにファイルを開きます。これも、ファイルがすでにある場合は上書きします。ファイルが無ければ、新しいファイルを作って、読み書きします[注1]。

open 関数は、**ファイルオブジェクト**と言われるオブジェクトを返します。ファイルオブジェクトを介して、ファイルを読み書きできます。モードが"w"の場合、プログラムを実行したディレクトリに、open 関数によって新しいファイルが作られます。

[訳注1]　日本語では、以下が参考になります
　　　　http://cocodrips.hateblo.jp/entry/2015/07/19/120028
[注1] https://www.tutorialspoint.com/python/python_files_io.htm

ファイルオブジェクトの write メソッドを使って、ファイルに書き込みます。そして、ファイルに書き終わったら close メソッドを使ってファイルを閉じます。ファイルを閉じるのは、もし複数のファイルを開いた後に閉じるのを忘れてしまうと、プログラムがうまく動作しなくなる可能性があるからです。次のコードは、ファイルを開いて、ファイルに書き込んで、ファイルを閉じる例です（コラム1参照）。

```
1    # http://tinyurl.com/zfgczj5
2
3    st = open("st.txt", "w")
4    st.write("Hi from Python!")
5    st.close()
```

　この例では、open 関数を使ってファイルを開いた後、open 関数の戻り値を変数 st に代入しています。そして、st オブジェクトの write メソッドを使って文字列をファイルに書き込んでいます。write メソッドは引数に文字列を受け取ってPythonが作成した新しいファイルに書き込みます。最後にファイルオブジェクトの close メソッドを呼んでファイルを閉じます。

コラム1

　日本語文字列を書き込む場合、ファイルを開くときにもう1つ引数を指定します。次の例は、本文中の例とほとんど同じですが、日本語でも動作するようにしています。

```
1    st = open("st.txt", "w", encoding="utf-8")
2    st.write("Pythonからこんにちは！")
3    st.close()
```

　encoding 引数には、ファイルの文字コードを指定します。この例では、"utf-8"を指定しています。文字列が英数字などのアスキー文字だけの場合、ファイルにそのまま書き込めます。しかし、日本語などの「非アスキー文字」はそのままでは書き込めず、ファイルに保存できる形式に変換する必要があります。encoding 引数は、変換方式を指定します。utf-8は変換方式の1つで、現在もっとも広く使われています。文字コードについて詳しく知りたい方は、次のURLも参照してください。

https://docs.python.org/ja/3/howto/unicode.html

第9章　ファイル

ファイルを自動的に閉じる

　ファイルをオープンするとき、ファイルの閉じ忘れを防止するもう1つの構文があります。この構文では、ファイルオブジェクトを使うすべてのコードを**with文**の中に書きます。with文は複合文の1つで、処理が with ブロックを抜けたときに自動的に指定した処理を実行します。

　with文を使ってファイルを開く構文は、以下の通りです。

with open([ファイルパス],[モード])as[変数名]:
　　　　[コード]

　[ファイルパス]には、ファイルパスを書きます。[モード]には、ファイルを開くモードを渡します。[変数名]には、ファイルオブジェクトを割り当てる変数名を書きます。[コード]には、ファイルオブジェクトを割り当てた変数を使うコードを書きます。

　ファイルのオープンにこの構文を使うと、[コード]が最後まで実行されたあとに、ファイルは自動的に閉じられます。次のコードは、前節で紹介したコード例を新しい構文で書き直した例です。前の例と同じく、ファイルを開いて、ファイルに書いて、ファイルを閉じます。

```
1  # http://tinyurl.com/jt9guu2
2
3  with open("st.txt", "w") as f:
4      f.write("Hi from Python!")
```

　この例では、with文のブロック中は、変数 f を使ってファイルオブジェクトを操作できます。with文のブロックにあるコードをすべて実行し終わったら、Pythonは開いたファイルをすぐに閉じてくれます。

ファイルから読み込む

　ファイルを読み込むには、open 関数の第2引数に"r"を渡します。そして、ファイルオブジェクトの read メソッドを呼び出します。read メソッドは戻り値として、ファイルのすべての文字を含むイテラブルなオブジェクトを返します。

127

```
1   # http://tinyurl.com/hmuamr7
2
3   # 前の節で作成したファイルを読み込みます
4
5   with open("st.txt", "r") as f:
6       print(f.read())
```

>> Hi from Python!

コラム2

ファイル内に日本語などの「非アスキー文字」を含む可能性を考えると、常にencoding引数を指定した方が良いでしょう。

```
1   with open("st.txt", "r", encoding="utf-8") as f:
2       print(f.read())
```

>> Pythonからこんにちは！

ファイルがアスキー文字のみで書かれている場合でも、この開き方で問題ありません。もし、Windowsでよく使われているシフトJISでファイルが書かれている場合、encodingに"cp932"を指定します。

readメソッドは、ファイルを開いた後1回だけ使えます。もう一度コンテンツ（内容）を読み込みたい場合は、ファイルをいったん閉じてから、もう一度開いてください。

readメソッドで読み込んだファイルのコンテンツは、あとで使いやすいように変数やコンテナに入れておくとよいでしょう。次のコードはファイルのコンテンツを読み込んで、リストに入れておく例です。

```
1   # http://tinyurl.com/hkzhxdz
2
3   my_list = []
4
5   with open("st.txt", "r") as f:
6       my_list.append(f.read())
7
8   print(my_list)
```

第9章　ファイル

```
>> ['Hi from Python!']
```

　これで、このデータをあとで使えます。

CSVファイル

　Pythonに付いてくる組み込みモジュールを使えば、**CSVファイル**も扱えます。CSVファイルの拡張子は.csvで、中身のデータはカンマで区切られています（CSVはComma Separated Values＝カンマで区切られた値、の略語です）。Excelなどのスプレッドシート（表計算）を扱うプログラムは、よくCSVファイルを使います。

　CSVファイルのカンマで区切られたそれぞれのデータは、スプレッドシート上ではセルと言われる単位です。CSVの1行はスプレッドシートの1行です。各データを区切る**デリミタ**（区切り文字）は、カンマ以外の記号、たとえばバー（|）なども使えます。

　次の2行はCSVファイルの例で、self_taught.csv というファイルに保存しておきます。

one,two,three
four,five,six

　このファイルをExcelで開くと、one、two、threeという内容の各セルがスプレッドシートの1行目にあり、2行目にはfour、five、sixという内容が各セルに書かれていると思います。

　CSVファイルを開くときもwith文を使いますが、csv モジュールを使ってファイルオブジェクトからcsv オブジェクトに変換するコードはwith文の内側で実行してください。csv モジュールの writer メソッドはファイルオブジェクトとデリミタを受け取って、csv オブジェクトを返します。csv オブジェクトには writerow メソッドがあり、引数としてリストを受け取って、そのリストの内容をCSVファイルに書き出します。リストのすべての要素が、writer メソッドに指定したデリミタで区切られて、CSVファイルの1行に出力されます。writerow メソッドは1回の呼び出しで1行を書き出すので、2行書き出すには2回呼び出す必要があります。

129

```
1   # http://tinyurl.com/go9wepf
2
3   import csv
4
5   with open("st.csv", "w", newline='') as f:
6       w = csv.writer(f, delimiter=",")
7       w.writerow(["one", "two", "three"])
8       w.writerow(["four", "five", "six"])
```

　このプログラムは、新しいファイル st.csv を作ります。テキストエディタでこのファイルを開いてみてください[訳注2]。ファイルの内容は次のようになっています。

　one,two,three
　four,five,six

　このファイルをExcelで開くと（Googleスプレッドシートなどの互換アプリでもかまいません）、カンマが表示されない代わりに、one、two、threeという文字が1行の3つのセルに表示されます。そして次の行に、four、five、sixのセルが表示されます。

　csv モジュールを使って、CSVファイルの読み込みもできます。CSVファイルを読み込むために、open 関数の第2引数（モード）に"r"を指定します。そして、with文の内側で、csv.reader メソッドにファイルオブジェクトとデリミタとしてカンマを指定して呼び出します。関数からの返値として、CSVを1行単位で扱えるイテラブルが返されます。

```
1   # http://tinyurl.com/gvcdgxf
2
3   # ここで開くファイルは、
4   # 前のコード例を実行して
5   # 作られます。
6
7   import csv
```

[訳注2] print(os.getcwd()) を実行すれば、ファイルが作られるフォルダがどこなのか分かります。

第9章　ファイル

```
 8
 9   with open("st.csv", "r") as f:
10       r = csv.reader(f, delimiter=",")
11       for row in r:
12           print(",".join(row))
```

>> one,two,three

>> four,five,six

　この例では、st.csv ファイルを開いて、csv.reader メソッドで csv
オブジェクトに変換して読み込んでいます。csv オブジェクトをforループ
で繰り返します。ループごとに、取り出された row の要素をカンマで結合
して、出力しています。これで、ファイルに書かれているコンテンツと同じ
ように、カンマで区切られた文字列を再現できました。

用語集

読み込む：ファイルの内容を取り出すこと

書き出す：ファイルの内容に追加したり変更すること

ファイルパス：コンピューターのどこにファイルがあるかを表す

with文：複合文の1つで、処理がwithブロックを抜けたときに自動的に指定
した処理を実行する

ファイルオブジェクト：ファイルを読み書きするためのオブジェクト

CSVファイル：拡張子が .csv のファイルで、中身のデータはカンマで区切
られている（CSVはComma Separated Values＝カンマで区切られた値、
の略語）。Excelなどのスプレッドシート（表計算）を扱うプログラムは、
よくCSVファイルを使う

デリミタ：区切り文字、Delimiter。 CSVファイルのデータを区切るために
使われる記号

チャレンジ

1. コンピューターにある何かのファイルをPythonで開いて、コンテンツを出力しよう。

2. 何か質問するプログラムを書こう。入力された回答をファイルに書き出そう。

3. リストのリストに含まれている要素をCSVファイルに書き出そう。データは次の通り:[["Top Gun", "Risky Business", "Minority Report"], ["Titanic", "The Revenant", "Inception"], ["Training Day", "Man on Fire", "Flight"]]
   データの各要素はCSVの1行となり、その1行に含まれる各要素がカンマで区切られるように書き出そう。

4. チャレンジ3を日本語で同じようにやってみよう。たとえば、"Top Gun" を "トップガン" のように日本語に置き換えて、CSVファイルに書き出そう。

解答: http://tinyurl.com/hll6t3q

第9章　ファイル

メモ欄

PART 1

第10章

知識を1つにまとめる

私は本からすべてを学んだ。
―― Abraham Lincoln（エイブラハム・リンカーン）

　本章では、これまで学んだ概念を1つにまとめて、文字列を使ったゲームを作っていきます。ハングマンという、古くからあるゲームです。ハングマンをプレーしたことがない人向けに、遊び方を説明します。

1. プレーヤー1は、好きな単語を選んで隠しておきます。単語の文字の数だけ、アンダースコア（ _ ）を引きます。
2. プレーヤー2は、単語を予想して、1回に1文字を回答します。
3. プレーヤー2が回答した文字が、隠してある単語に含まれていたら、プレーヤー1は書いておいた下線のその文字があるべきところに、その文字を書き込みます。今回のルールでは、1つの単語に同じ文字が2個以上含まれている場合は、回答1回につき1文字だけ表示されます。プレーヤー2の回答が間違っていた場合、プレーヤー1は、吊られた人の絵のパーツを1つ書き込みます（頭から始めます）。
4. 吊られた人の絵が完成する前に、プレーヤー2が隠された単語の文字をすべて当てられたら、プレーヤー2の勝ちです。絵が完成してしまったら、負けです。

第 10 章　知識を 1 つにまとめる

このプログラムでは、コンピューターがプレーヤー1を担当します。プレーヤー2を人間が担当します。それじゃあ、ハングマンのプログラミングを始めましょう！

ハングマン

これが、ハングマンの最初のコードです。

```
1    # http://tinyurl.com/jhrvs94
2
3
4    def hangman(word):
5        wrong = 0
6        stages = ["",
7                      "_____        ",
8                      "|             ",
9                      "|       |      ",
10                     "|       0      ",
11                     "|      /|\     ",
12                     "|      / \     ",
13                     "|             "
14                 ]
15       rletters = list(word)
16       board = ["_"] * len(word)
17       win = False
18       print("ハングマンへようこそ！")
```

最初に hangman という関数を作りました。この関数にゲームのコードを書いていきます。この関数は word という引数を受け取ります。これは、プレーヤー2に当ててほしい単語です。関数の最初に用意した変数 wrong は、プレーヤー2が何回間違えたかを数える変数です。

変数 stages は文字列のリストです。この文字列を使って、吊られた人の絵を書いていきます。Pythonがこのリストの文字列を1行に1つずつ出力すると、吊られた人のような絵が表現できます。変数 rletters は、word の文字を1文字ずつの要素に分解してリストにしたもので、答えなければいけない残りの文字を覚えておくのに使います。

変数 board は文字列のリストで、プレーヤー2に見せるヒントを記録しておきます。たとえば、答えの単語がcatの場合、プレーヤー2が c と t を

135

答えたときには、c_t と表示するために使います。["_"] * len(word) という式は、1文字のアンダースコアを word に含まれる文字の数だけ要素としてもつリストを作ります。たとえば、答えの単語が cat の場合、board の初期状態は ["_", "_", "_"] です。

変数 win は、初期状態では False を割り当てます。プレーヤー2がゲームに勝ったかどうかの状態を記録しておきます。最後に、ハングマンへようこそ！と表示します。

次にプログラミングするコードは、ゲームの手順を進めるループ処理です。

```
1   # http://tinyurl.com/ztrp5jc
2   while wrong < len(stages) - 1:
3       print("\n")
4       msg = "1文字を予想してね"
5       char = input(msg)
6       if char in rletters:
7           cind = rletters.index(char)
8           board[cind] = char
9           rletters[cind] = '$'
10      else:
11          wrong += 1
12      print(" ".join(board))
13      e = wrong + 1
14      print("\n".join(stages[0:e]))
15      if "_" not in board:
16          print("あなたの勝ち！")
17          print(" ".join(board))
18          win = True
19          break
```

このループはゲームの勝敗が決まるまで回り続けます。ループは、変数 wrong の値が len(stages) - 1 よりも小さい間、繰り返されます。変数 wrong には、プレーヤー2がこれまで答えを間違えた回数が記録されているので、プレーヤー2がハングマンの絵を完成させてしまったら（つまり、リスト stages の要素数と同じ回数を間違えたら）、ループは終了します。ここで、stages の要素数から 1 を引いているのは、stages の数を 0 から数えているのに対して、wrong の個数は 1 から数えるという違いを釣り合わせるためです。

このループの中では、ゲームの見た目を良くするために最初に空行を出力

136

第 10 章　知識を 1 つにまとめる

しています。そして、プレーヤー2に回答を入力してもらうために input 組み込み関数を使って、入力された回答を変数 char に割り当てています。

入力された回答が rletters の要素にあったら（rletters はプレーヤー2がまだ答えていない文字をリストで持っています）、プレーヤー2が入力した文字は正解です。正解したら、リストの変数 board を更新しましょう。この変数は、あとでプレーヤーが答えた文字と答えていない文字を表示するために使います。プレーヤー2が c を入力したら、board の内容を ["c", "_", "_"] に更新します。

このために、rletters リストの index メソッドを使って、入力された文字が rletters の何番目にあるかのインデックスを取得します。このインデックス値を使って、board のアンダースコアを正しい文字に置き換えます。

ここで、1つ問題があります。index メソッドは、最初に見つけた要素のインデックス値しか返してくれません。もし、正解の単語に同じ文字が複数含まれている場合、このままでは正しく動作しません。この問題を解決するために、rletters の正解した文字をドル記号（$）に置き換えます。そうすれば、次のループでは index メソッドがもう1つの文字のインデックス値を返してくれるようになります。

もし、プレーヤーの回答が間違っていたら、wrong を1つインクリメントします。

次に、board と stages のリストを使って、スコアボードとハングマンを出力します。スコアボードとしては " ".join(board) を出力します。

ハングマンの出力はちょっと分かりづらい処理です。もし、stages リストのすべてを1行ずつ出力してしまったら、ハングマンの絵が完成してしまいます。そうしたければ、"\n".join(stages) というプログラムで、stages リストに含まれるすべての文字列を改行コードで結合して、これを出力します。

ゲームの進行に合わせてハングマンを出力するには、stages リストの一部をスライスで取り出します。開始インデックスは 0 です。終了インデックスは wrong の数に 1 を足した値です。1 を足しているのは、足さずにそのまま使った場合、終了インデックスに指定した値の手前までしかスライスされず、stages の最後の要素が出力されないからです。こうして作ったスライスが、ゲームの進行に合ったハングマンの絵の元になります。

最後に、プレーヤー2が勝ったかどうかを確認します。board リストにア

137

ンダースコアがもうなければ、すべての文字が正解されたと言えます。プレーヤー2が勝ったら、あなたの勝ち！と表示して、正解した単語を表示しましょう。そして、変数 win に True を割り当てて、break でループを終了します。

　ループを終了したとき、プレーヤー2が勝っていたらもう何もすることはありません。ゲームは終了です。プレーヤー2が負けていた場合、つまり win が False の場合は、ハングマンの絵をすべて表示して、あなたの負け！と表示しましょう。そして、正解の単語を表示しましょう。

```
1   # http://tinyurl.com/zqklqxo
2   if not win:
3       print("\n".join(stages[0:wrong+1]))
4       print("あなたの負け！正解は {}.".format(word))
```

このゲームの完全なコードは次の通りです。

```
1   # http://tinyurl.com/h9q2cpc
2
3   def hangman(word):
4       wrong = 0
5       stages = ["",
6                 "_____        ",
7                 "|               ",
8                 "|      |        ",
9                 "|      0        ",
10                "|     /|\       ",
11                "|     / \       ",
12                "|               "
13                ]
14      rletters = list(word)
15      board = ["_"] * len(word)
16      win = False
17      print("ハングマンへようこそ！")
18      while wrong < len(stages) - 1:
19          print("\n")
20          msg = "1文字を予想してね"
21          char = input(msg)
22          if char in rletters:
23              cind = rletters.index(char)
24              board[cind] = char
```

138

第 10 章　知識を 1 つにまとめる

```
25            rletters[cind] = '$'
26        else:
27            wrong += 1
28        print(" ".join(board))
29        e = wrong + 1
30        print("\n".join(stages[0:e]))
31        if "_" not in board:
32            print("あなたの勝ち！")
33            print(" ".join(board))
34            win = True
35            break
36    if not win:
37        print("\n".join(stages[0:wrong+1]))
38        print("あなたの負け！正解は {}.".format(word))
39
40
41 hangman("cat")
```

チャレンジ

1. プログラムを書き換えて、答えの単語をリストからランダムに選ぶよう
   にしよう。

解答：http://tinyurl.com/j7rb8or

139

PART 1

第11章

ハマったときの助け

やみくもに練習しても完璧にはできない。深く繰り返し行う練習が末梢神経を作り、末梢神経が完璧をもたらす。

—— Daniel Coyle（ダニエル・コイル）

　この本が、あなたの手に取った最初のプログラミング本だとしたら、次に進む前に少し時間を割いてほしいことがあります。ここで紹介する参照先は、プログラミングをしていてつまずいてしまったり、トラブルから抜け出せなくなってしまったときの助けになるでしょう。

読んでみよう

　次のリンク先を読んで、プログラミングスキルを向上させるためのヒントを得ましょう（リンク先は英語なので、概要については本章末尾、142ページのコラム 1 を参照してください）。

　プログラミングスキルを向上させるためにもっとも効果的なのは何ですか？（142ページのコラム1参照）
http://programmers.stackexchange.com/questions/44177/
what-is-the-single-most-effective-thing-you-did-to-
improve-your-programming-skil

その他の読み物

　プログラミング関係のリソースを1カ所にまとめておきました[訳注1]。
http://www.theselftaughtprogrammer.io/resources

140

助けてもらうには

　プログラミングをしていてハマってしまったときのために、いくつかお勧めしたい対策があります。まず、疑問に思ったことをSelf-Taught Programmers Facebookグループに投稿してください。

　https://www.facebook.com/groups/selftaughtprogrammers

　このグループは友好的な（そして意欲的な）プログラマーたちのコミュニティで、プログラミングのどんな疑問にも答えてくれるでしょう。

　もう1つ見ておくとよいウェブサイトとして、以下があります。

　https://ja.stackoverflow.com

　このウェブサイトは、誰でもプログラミングについての質問を投稿できます。そして、そのコミュニティのメンバーが質問に答えてくれます[訳注2]。

　私にとって、「ほかの人に助けてもらう」のを学んだことは、重要な教訓でした。確かに、苦労してものごとを把握するという行為は、学習プロセスの重要な要素です。しかし、これが逆効果になることもあります。

　以前にいくつかのプロジェクトで働いていたときは、生産性を度外視してあがいたものです。もし今、同じ状況に陥ったら、質問サイトを見て似たような問題が投稿されているかを探します。見つからなければ、質問を投稿するでしょう。投稿した質問には、いつも誰かが回答してくれました。

　こういった経験から、プログラミングコミュニティがどれほど友好的で助けになるかは、言葉では言い尽くせません。

[訳注1] リンク先はPython3のドキュメントとクイックリファレンスがまとめられています。
　　　　 日本語のPython公式ドキュメント（以下）も有用なリソースです。
　　　　 https://docs.python.org/ja/3/
[訳注2] 日本の場合、以下も見るとよいでしょう。
　　　　 https://teratail.com/

> **コラム1**

　本章で紹介している記事では、「プログラミングスキルを向上させるためにもっとも効果的なのは何ですか？」という問いに対して、以下のような回答がなされています。

・自分よりはるかに賢い人と働く
・年齢の上下、専門家であるか、役職の有無にかかわらず、常にほかの人の意見を聞く
・ほかのフレームワークや、プログラミング言語を学び、動作を理解し、自分の知っているものと比較する
・パターンやベストプラクティスを学び、実践してみる
・ペアプログラミングを行う
・実利用されるコードのほとんどが、少なくとも数年間は維持されるので、そのことを念頭に置いてコードを書く
・コードがきれいになるまで、リファクタリングする
・常に学ぶ
・異なる人々によって書かれたコードを読む
・ほかの人が書いたコードのドキュメンテーションを書く
・興味深いプロジェクトに取り組む
・オープンソースプロジェクトに参加する
・ほかの人に教える
・ジムでエクササイズする
・毎年新しいプログラミング言語を学ぶ
・タッチタイピングを覚える
・恥ずかしさを乗り越えて、分からないことをどんどん質問する
・今何をやっているか、なぜやっているかを明確に考える
・（プログラミングの）本を読む
・定期的に良いブログを読む
・知見を共有する会を開く

第2部

PART 2

PART 2

第12章

プログラミングパラダイム

世の中には2種類の言語しかない。1つはみんなが文句ばかり言い、もう1つは誰も見向きもしない言語さ。

——Bjarne Stroustrup（ビャーネ・ストロヴストルップ）

プログラミングパラダイムとは、プログラミングのスタイル・手法のことです。世の中にはたくさんのプログラミングパラダイムがあります。プログラミングのプロとしてやっていくためには、オブジェクト指向か、関数型プログラミングか、どちらかを学ぶ必要があるでしょう。

本章では、オブジェクト指向プログラミングに重点を置きつつ、手続き型プログラミング、関数型プログラミング、オブジェクト指向プログラミングのそれぞれを学びます。

状態

プログラミングパラダイムそれぞれの大きな違いの1つは、状態の持ち方です。**状態（ステート）**とは、プログラムが動いているときの変数の値のことです。状態の1つ、**グローバルステート**はプログラム実行中のグローバル変数の値のことです。

手続き型プログラミング

第1部では、実は、**手続き型プログラミング**のパラダイムを使ってプログラミングしていました。手続き型プログラミングでは、連続した手続きをこなし、途中途中でプログラムのステートを変えながら、少しずつ欲しい答えに近付いていきます。「これをやって、次にあれをやって」といった具合です。

144

第12章 プログラミングパラダイム

```
1   # http://tinyurl.com/jv2rrl8
2
3   x = 2
4   y = 4
5   z = 8
6   xyz = x + y + z
7   xyz
```

>> 14

上記の例では、コードの1行ごとにステートを変えています。最初に x を
定義し、次に y、そして z を定義します。最後に xyz の値を定義します。

手続き型プログラミングの場合、データをグローバル変数として持ち、関
数でそのデータを操作します（146ページのコラム1参照）。

```
1   # http://tinyurl.com/gldykam
2
3   pop = []    # 洋楽ポップソングを保存するリスト
4   jpop = []   # JPopソングを保存するリスト
5
6
7   def collect_songs():
8       song = "曲名を入力してください: "
9       ask = "p か j のどちらかを入力してください。qで終わります: "
10
11      while True:
12          genre = input(ask)
13          if genre == "q":
14              break
15
16          if genre == "p":
17              p = input(song)
18              pop.append(p)
19
20          elif genre == "j":
21              j = input(song)
22              jpop.append(j)
23
24          else:
25              print("不正な値です。")
```

145

```
26     print("pop songs: ", pop)
27     print("jpop songs: ", jpop)
26
27 collect_songs()
```

>> p か j のどちらかを入力してください。qで終わります:

　手続き型プログラミングは、このくらいの小さなプログラムを書くには良い手法です。ただし、状態をすべてグローバル変数に持たせているため、プログラムが大きくなるに従ってさまざまな問題が出てくるでしょう。グローバル変数に依存したプログラムは、予期しないエラーが起こりやすくなります。プログラムが大きくなると、あちこちの関数でグローバルステートを読み書きするようになり、どこで何を参照しているのか、書き換えているのかを把握できなくなっていきます。

　たとえば、ある関数がグローバル変数を変更しているのに、新しく書いた別の関数でそのグローバル変数をうっかり上書きするコードを書いてしまったりします。このようにデータを壊すプログラムを書いてしまう問題は、よく起こります。

　プログラムが複雑に成長するにつれて、グローバル変数が増えていきます。プログラムの機能を追加するにつれて、関数が増えて、グローバル変数も増えて、関数それぞれがグローバル変数を読み書きすることになるので、プログラムはあっという間に維持できなくなってしまいます。

　手続き型プログラミングというのは、コードがグローバル変数の状態を変えるという**副作用**の上で成り立っている手法です。手続き型でプログラムを書くと、間違って値のインクリメントを2回実行してしまうような、意図しない副作用にたびたび出くわすでしょう。

　この問題は、オブジェクト指向プログラミングと、関数型プログラミングのパラダイムが登場するきっかけになりました。どちらも、異なるアプローチでこの問題に対処しています。

コラム1

　前述のコードは、関数型プログラミングとオブジェクト指向プログラミングとの対比を分かりやすくするために、グローバル変数を関数から直接書き

第12章　プログラミングパラダイム

換えるコード例になっています。手続き型プログラミングが、グローバル変数だけで成り立っているわけではない、という点に注意してください。

　本節での大事なポイントは、手続き型プログラミングでは複数の手続き（関数）にまたがって同じデータを扱いたい場合にグローバル変数でデータを管理できるため、一歩間違えると予期しないエラーが発生しやすいということです。

　手続き型プログラミングにおいても、グローバル変数の多用を避けることは、関数の独立性を高め、理解しやすくバグの少ないコードを書くために重要です。Pythonは、手続き型、オブジェクト指向型、関数型のパラダイムを同時に扱えます。それぞれの特徴を理解し、良い部分を利用してプログラミングを進めるようにしましょう。

関数型プログラミング

　関数型プログラミングの起源は、ラムダ計算です。ラムダ計算とは、数学者のAlonzo Church（アロンゾ・チャーチ）によって作られた、最小のユニバーサルなプログラミング言語です[訳注1]。

　関数型プログラミングは、グローバルステートを排除することで手続き型プログラミングの問題を解決しました。関数型プログラミングで書く関数は、グローバルステートに依存せず、その動作は関数に渡された引数によってのみ変わります。そして、関数の戻り値は通常、ほかの関数に引数として渡されます。この手法によって、関数型プログラミングはグローバルステートを排除しました。グローバルステートに依存しなければ副作用もなく、それに伴って起こる問題もなくなります。

　関数型プログラミングには多くの専門用語がありますが、プログラミングのコーチングなどで一目置かれるMary Rose Cook（メアリー・ローズ・クック）は一言でまとめています。「関数型プログラミングには、副作用がないという重要な特徴があります。現在の関数外のデータに依存しませんし、現在の関数外に存在するデータは変更されません」[注1]。その上で彼女は、

....

[訳注1] 計算モデルの1つで、関数とそれに渡す引数だけで構成される。計算モデルにはほかに、チューリングマシンなどがある。

[注1] https://maryrosecook.com/blog/post/a-practical-introduction-to-functionalprogramming

副作用を起こす関数の分かりやすい例を紹介しています。

```
1   # http://tinyurl.com/gu9jpco
2
3   a = 0
4
5   def increment():
6       global a
7       a += 1
```

対照的に、副作用のない関数の例を以下に示します。

```
1   # http://tinyurl.com/z27k2yl
2
3   def increment(a):
4       return a + 1
```

　最初の関数は、関数外のデータに依存していて、関数外のデータを変更するため、副作用があります。2番目の関数は、関数外の変数を参照していないので、副作用はありません。

　関数型プログラミングの利点の1つは、グローバルステートが存在しないので、それが原因で起こるエラーをすべて排除できることです。欠点は、関数型では、ステートを持たせた方が解決しやすい問題を扱いづらいという点です。たとえば、グローバルステートを持たないユーザーインターフェースよりも、グローバルステートを持っているユーザーインターフェースを設計する方が、理解が簡単です。ユーザー自身がアップロードした画像を表示できる切り替えボタンを、プログラム内に用意しないといけないとしましょう。その場合、グローバルステートを持たせたプログラムを用意する方が簡単です。画像を表示する、しない、というグローバル変数に True か False を設定しておけば良いのです。グローバルステートなしでこのようなボタンを設計することは、難易度が増します。

オブジェクト指向プログラミング

　オブジェクト指向プログラミングのパラダイムも、グローバルステートを排除することで手続き型プログラミングの問題を解決します。ただし、関数

148

第 12 章　プログラミングパラダイム

型プログラミングのように関数の引数に状態を渡す（関数に状態を持たせる）のではなく、オブジェクトに状態を持たせます。

オブジェクト指向プログラミングでは、複数の**クラス**で相互に作用するオブジェクトの集合を定義します。クラスは表現したいオブジェクトを定義・分類するプログラミングの仕組みです。バッグにオレンジがいくつも入っている状況を例に説明すると、どのオレンジもそれぞれがオブジェクトです。どのオレンジにも、色や重さといった共通の属性情報があります。どのオブジェクトにも共通した属性情報がありますが、その値はオブジェクトごとに異なります。クラスを使ってオレンジにどんな特徴（属性）があるのかを定義して、クラスから個々のオレンジオブジェクトを異なる属性値で作成します。たとえば、オレンジのクラスを定義したら、そこから重さ300グラムの暗い色のオレンジのオブジェクトと、340グラムの明るい色のオレンジのオブジェクトを作成できます。

すべてのオブジェクトはクラスの**インスタンス**です。Orange という名前のクラスを定義し、2つの Orange オブジェクトを作ったら、その1つひとつは Orange クラスのインスタンスです。つまり、それらのデータ型は Orange です。この文脈では、オブジェクトとインスタンスという2つの用語を同じ意味で使えると思って大丈夫です。クラスを定義した際、そのクラスのすべてのインスタンスは類似しています。インスタンスは、クラスで定義した、色や重さなどクラスを形作る属性すべてを持ちます。そして、インスタンスごとに属性の実際の値は違います（コラム2参照）。

コラム2

数値 123 というオブジェクトは、intクラスのインスタンスです。同様に、"abc"という文字列オブジェクトは、strクラスのインスタンスです。

Pythonでは、すべてのオブジェクトは何らかのクラスのインスタンスです。数値や文字のように、プログラミング言語で特別な書き方が用意されているものをリテラルと言います。数値はただ数字を並べるだけで、intクラスのインスタンスとして扱われます。複数の文字の前後をクォートで囲むことで、strクラスのインスタンスとして扱われます。どのような書き方がリテラルとして解釈されるかは、プログラミング言語によって異なります。

Pythonのクラスは、ヘッダーとスイートを持つ複合文です。次のように

149

クラスを定義します。

```
class [クラス名]:
    [スイート]
```

[クラス名] はクラスの名前で、[スイート] はクラスのスイートです。Pythonのクラス名は、常に大文字で始まるキャメルケースで記述するというのが、Pythonコミュニティでの慣習です。クラス名に複数の単語が含まれる場合、すべての単語の最初の文字は LikeThis のように大文字で書きます。関数の命名規則ではアンダースコアで単語をつなぎますが、クラスには適用しません。

クラスのスイート部分には、単純文、または**メソッド**と呼ばれる複合文を書きます。メソッドは関数に似ていますが、クラスの内部で定義し、そのクラスから生成したオブジェクトを通してのみ呼び出せます（第1部では "hello".upper() のように文字列のメソッドを呼び出しました）。メソッド名はすべて小文字で、関数名のようにアンダースコアで単語をつなぎます。

メソッドは関数とほとんど同じ構文で定義しますが、違いが2つあります。(1) クラスのスイート部分に定義する、(2) 引数を少なくとも1つ定義する必要がある（特別な場合を除く）、です。Pythonの慣習として、1つ目の必須引数には self という名前を使います。この必須な引数は、このメソッドを呼び出すときに使ったオブジェクトで、Pythonが自動的に渡してくれます。

```
1   # http://tinyurl.com/zrmjape
2
3   class Orange:
4       def __init__(self):
5           print("Created!")
```

self 変数は、**インスタンス変数**の定義に使います。インスタンス変数とは、そのオブジェクトに属する変数のことです。いくつものオブジェクトを作ると、各オブジェクトはそれぞれ異なる属性値をインスタンス変数として持つことになります。インスタンス変数は、以下の構文で定義します。

```
self.[変数名] = [値]
```

通常、インスタンス変数は __init__ という特別なメソッドの中で定義し（initはinitialize＝初期化の略です）、オブジェクトを作るときにPython

第12章　プログラミングパラダイム

から呼び出されます。

ここでオレンジを表すクラスの例を見てみましょう。

```
1   # http://tinyurl.com/hrf6cus
2
3   class Orange:
4       def __init__(self, w, c):
5           self.weight = w
6           self.color = c
7           print("Created!")
```

　Orange オブジェクトを作成すると、__init__ のコードが実行され、2
つのインスタンス変数、weight と color が作成されます（オブジェクト
の作成は後ほど紹介します）。クラス内のどのメソッドでも、これらのイン
スタンス変数を通常の変数と同様に使用できます。Orange オブジェクトを
作成すると、__init__ のコードに書かれた print 関数が呼び出され
Created! と出力されます。__init__ のように二重のアンダースコアで
囲まれたメソッドは、**特殊メソッド**と呼ばれます。Pythonがオブジェクト
の作成など特別な目的で使用するメソッドです。

　Orange オブジェクトは、関数を呼び出すのと同じ構文で作ります。

　[クラス名]([引数])

　[クラス名] は、あなたがオブジェクトを作るときに使いたいクラス名に
置き換えてください。[引数] 部分には、__init__ メソッドが受け取れる
引数を渡しますが、第1引数 self を明示的に渡す必要はありません。self
はPythonが自動的に渡してくれます。このように、新しいオブジェクトを
作ることを**クラスのインスタンス化**と言います。

```
1   # http://tinyurl.com/jlc7pvk
2
3   class Orange:
4       def __init__(self, w, c):
5           self.weight = w
6           self.color = c
7           print("Created!")
8
9
```

151

```
10  or1 = Orange(10, "dark orange")
11  print(or1)
```

>> Created!
>> <__main__.Orange object at 0x101a787b8>

　この例では、クラスを定義してから、Orange(10, "dark orange")
というコードでOrangeクラスをインスタンス化しています。画面には、
Created!と表示されます。Orangeオブジェクト自体を画面に出力する
と、Pythonはそれが Orange クラスのオブジェクトであることと、コンピ
ューターのメモリー上の位置を表示します（メモリーの位置は実行するごと
に異なります）。
　オブジェクトを作成したあとは、次のようにしてインスタンス変数の値を
取得できます。
　［オブジェクト名].［インスタンス変数名］

```
1   # http://tinyurl.com/grwzeo4
2
3   class Orange:
4       def __init__(self, w, c):
5           self.weight = w
6           self.color = c
7           print("Created!")
8
9
10  or1 = Orange(10, "dark orange")
11  print(or1.weight)
12  print(or1.color)
```

>> Created!
>> 10
>> dark orange

　インスタンス変数の値を変更するには、以下のように書きます。
　［オブジェクト名].［インスタンス変数名］ = ［新しい値］
　次ページの例を見てください。

152

第12章　プログラミングパラダイム

```
1   # http://tinyurl.com/jsxgw44
2
3   class Orange:
4       def __init__(self, w, c):
5           self.weight = w
6           self.color = c
7           print("Created!")
8
9   or1 = Orange(10, "dark orange")
10  or1.weight = 100
11  or1.color = "light orange"
12
13  print(or1.weight)
14  print(or1.color)
```

>> Created!

>> 100

>> light orange

　この例では、インスタンス変数の重さ（weight）と色（color）は、初期
値としてそれぞれ 10 と "dark orange" で生成されました。その後、100
と"light orange" を割り当てています。次のコードのように、Orange ク
ラスを利用して、複数のオレンジオブジェクトを作ることもできます。

```
1   # http://tinyurl.com/jrmxlmo
2
3   class Orange:
4       def __init__(self, w, c):
5           self.weight = w
6           self.color = c
7           print("Created!")
8
9
10  or1 = Orange(4, "light orange")
11  or2 = Orange(8, "dark orange")
12  or3 = Orange(14, "yellow")
```

>> Created!

>> Created!

>> Created!

153

色や重さなどの物理的な性質を属性として持たせましたが、それ以外にも実際のオレンジは腐ったりして変化します。これをメソッドで表すこともできます。

次のコードは、Orange オブジェクトに腐る性質を追加した例です。

```python
1   # http://tinyurl.com/zcp32pz
2
3   class Orange:
4       def __init__(self, w, c):
5           """weight (重さ) はグラム"""
6           self.weight = w
7           self.color = c
8           self.mold = 0
9           print("Created!")
10
11      def rot(self, days, temp):
12          """temp(温度)は摂氏"""
13          self.mold = days * temp
14
15  orange = Orange(200, "orange")
16  print(orange.mold)
17  orange.rot(10, 37)
18  print(orange.mold)
```

>> Created!

>> 0

>> 370

メソッド rot は、オレンジを買ってからの日数と、その期間の平均温度の2つの引数を受け取ります。このメソッドは、2つの引数からインスタンス変数 mold を計算して代入します。このように、メソッド内ではインスタンス変数を変更できます。これで、オレンジに腐る性質を追加することができました。

別の例も紹介しましょう。

次ページのコードは、長方形を表すクラスに複数のメソッドを定義しています。メソッド area は面積を計算します。そしてメソッド change_size は長方形のサイズを変更します。

第12章 プログラミングパラダイム

```python
1   # http://tinyurl.com/j28qoox
2
3   class Rectangle:
4       def __init__(self, w, l):
5           self.width = w
6           self.len = l
7
8       def area(self):
9           return self.width * self.len
10
11      def change_size(self, w, l):
12          self.width = w
13          self.len = l
14
15  rectangle = Rectangle(10, 20)
16  print(rectangle.area())
17  rectangle.change_size(20, 40)
18  print(rectangle.area())
```

>> 200

>> 800

　この例では、Rectangle オブジェクトに2つのインスタンス変数 len と width があります。 area メソッドは、2つのインスタンス変数をかけ算して Rectangle オブジェクトの面積を返します。change_size メソッドは、メソッドの引数に渡された値をインスタンス変数 len と width に代入して変更します。

　オブジェクト指向プログラミングの利点は、コードの再利用が促進されて、開発や保守にかかるトータルの時間が短縮されることです。さらに、解決したい問題を分割して扱うことが推奨されるため、保守しやすいコードになります。オブジェクト指向プログラミングの欠点は、プログラムを書く前の計画や設計などに、より多くの労力をかける必要があることです。

用語集

プログラミングパラダイム：プログラミングのスタイル・手法のこと
状態（ステート）：プログラムが動いているときの変数の値のこと

155

グローバルステート：プログラム実行中のグローバル変数の値のこと

手続き型プログラミング：プログラミングのスタイル・手法の1つ。連続した手続きをこなし、途中途中でプログラムのステートを変えながら、少しずつ欲しい答えに近づいていく

関数型プログラミング：グローバルステートに頼らず、関数から関数へ変数を渡すことによって、手続き型プログラミングで発生する問題を解決するプログラミングのスタイル・手法

副作用：グローバル変数の状態を変えること

オブジェクト指向プログラミング：相互に作用するオブジェクトを定義するプログラミングのパラダイム

クラス：同様のオブジェクトを分類してグループ化するための、プログラミングの仕組み

メソッド：クラスのスイート部分。関数に似ているが、クラスの内部で定義し、そのクラスから生成したオブジェクトを通してのみ呼び出せる

インスタンス：すべてのオブジェクトはクラスのインスタンスである。あるクラスのすべてのインスタンスは、同じクラスのほかのすべてのインスタンスと同じ型を持つ

インスタンス変数：オブジェクトに属する変数

特殊メソッド：Pythonが、さまざまな状況で使用するメソッド。オブジェクトの初期化（__init__）などがある

クラスのインスタンス化：クラスを使用して新しいオブジェクトを作成すること

チャレンジ

1. りんごと言われて思い浮かぶ、4つの属性を考えよう。その4つの属性をインスタンス変数に持つ、Appleクラスを定義しよう。

2. 円を表す Circleクラスを定義しよう。そのクラスに、面積を計算して返すメソッド areaを持たせよう。面積の計算には、Pythonの組み込みモジュール math の pi定数が使えます。次に、Circle オブジェクトを作って、area メソッドを呼び出し、結果を出力しよう。

3. 三角形を表す Triangle クラスを定義して、面積を返す area メソッドを持たせよう。そして Triangle オブジェクトを作って、area メソ

ッドを呼び出して、結果を出力しよう。

4. 六角形を表す Hexagon クラスを定義しよう。そのクラスには、外周の
長さを計算して返すメソッド calculate_perimeter を定義しよう。
そして、Hexagon オブジェクトを作って calculate_perimeter メ
ソッドを呼び出し、結果を出力しよう。

解答：http://tinyurl.com/gpqe62e

PART 2

第**13**章
オブジェクト指向プログラミングの4大要素

優れたデザインには、そのコストをはるかに超える価値がある。
──Thomas C. Gale（トーマス・C・ゲール）

　オブジェクト指向プログラミングには、カプセル化、抽象化、ポリモーフィズム、継承、という4つの主要な概念があります。これらが**オブジェクト指向プログラミングの4大要素**を構成しています。PythonやJava、Rubyのように、これらの4大要素すべてを提供してこそ、オブジェクト指向プログラミング言語と言えます。本章では、これらの4大要素について学びましょう。

カプセル化

　カプセル化は2つの概念で成り立ちます。

　1つ目は、オブジェクト指向プログラミングにおいて、「オブジェクトによって複数の変数（状態を保持します）とメソッド（状態を変更したり状態を使用して計算したりします）をまとめること」です。

　次のコードは、あるオブジェクトの例です。

```
1   # http://tinyurl.com/j74o5rh
2
3   class Rectangle:
4       def __init__(self, w, l):
5           self.width = w
6           self.len = l
7
8       def area(self):
9           return self.width * self.len
```

　この例では、オブジェクトの状態として、len と width がインスタンス変数に保持されています。これらの状態は、オブジェクトという単位にまとめられていて、それは area も同様です。このメソッドはオブジェクトの

第13章　オブジェクト指向プログラミングの4大要素

状態を使って四角形の面積を計算します。

　カプセル化における2つ目のコンセプトは、「データをクラス内に隠蔽して外から見えないようにすること」です。クラスの外側にある利用側のコードからデータを直接操作するのではなく、メソッドを通じて操作させます。クラスの外側からオブジェクトを利用するコードをclientと呼びます。

```
1  # http://tinyurl.com/jtz28ha
2
3  class Data:
4      def __init__(self):
5          self.nums = [1, 2, 3, 4, 5]
6
7      def change_data(self, index, n):
8          self.nums[index] = n
```

　クラス Data は、整数のリストをインスタンス変数 nums に持っています。Data のインスタンスを作成したあと、nums を変更するには2つの方法があります。1つは、change_data メソッドを使う方法です。もう1つは、インスタンス変数 nums を直接変更する方法です。

```
1  # http://tinyurl.com/huczqr5
2
3  class Data:
4      def __init__(self):
5          self.nums = [1, 2, 3, 4, 5]
6
7      def change_data(self, index, n):
8          self.nums[index] = n
9
10 data_one = Data()
11 data_one.nums[0] = 100
12 print(data_one.nums)
13
14
15 data_two = Data()
16 data_two.change_data(0, 100)
17 print(data_two.nums)
```

>> [100, 2, 3, 4, 5]
>> [100, 2, 3, 4, 5]

159

どちらの方法でも、インスタンス変数 nums の要素を変更できます。しかし、もし nums をリストからタプルに変更した場合はどうでしょう？ その場合、nums[0] = 100 のように直接書き換えようとするclientのコードは、タプルの要素は変更不可能なので、正しく動作しなくなります。

多くのプログラミング言語は、この問題を**プライベート変数**や**プライベートメソッド**といった、オブジェクトの外から参照や操作ができない属性をプログラマーが定義できるようにして、解決しています。プライベートな変数やメソッドは、クラス内からだけ使いたい変数やメソッドを用意した場合に便利です。たとえば、コードをあとから変更しようとしたとき（あるいは、そういった変更のしやすさを維持しようとしたとき）、プライベートであれば、オブジェクトの外から利用されることはないので、clientのコードを壊すような心配もありません。プライベート変数はカプセル化の2つ目のコンセプトの一例で、これによって、クラス内部のデータがclientから直接操作されることを防ぎます。この逆の場合、つまりクラス内部のデータをclientから直接操作できるようにしたいときには、**パブリック変数**を使います。

Pythonにプライベート変数はありません。Pythonの変数はすべてパブリックです。Pythonはオブジェクト外からのアクセスに関する問題を別の方法で解決しました。その方法とは、名前付けの規約です。Pythonでは、clientからアクセスしてほしくない変数やメソッドには、名前の前にアンダースコアを1つ付けます。Pythonプログラマーは、変数やメソッドがアンダースコアで始まっていたら、触ってはいけないと知っています（自己責任で使うことはできます）。

```
1   # http://tinyurl.com/jkaorle
2
3   class PublicPrivateExample:
4       def __init__(self):
5           self.public = "safe"
6           self._unsafe = "unsafe"
7
8       def public_method(self):
9           # client が使っても良い
10          pass  # pass文は、文が必須な構文で何もしない場合に使う
11
12      def _unsafe_method(self):
13          # client は使うべきじゃない
14          pass  # pass文は、文が必須な構文で何もしない場合に使う
```

第13章　オブジェクト指向プログラミングの4大要素

clientのプログラマーはこのコードを読んで、変数 self.public は使っても安全だけど、self._unsafe はアンダースコアで始まっているから使うべきじゃないと考えます。もし使ったら、それは自己責任です。このコードを保守している人は、self._unsafe を外から使われることを想定しなくて済むので、この変数を維持する義務はありません。clientのプログラマーは public_method は使っても安全だけど、_unsafe_method はそうじゃないと知っています。なぜなら後者はアンダースコアで始まってるからです。

抽象化

抽象化とは、「対象から小さな特徴を除いて、本質的な特徴だけを集めた状態」にする手順です[注1]。抽象化をオブジェクト指向プログラミングで使うのは、クラスを使ってオブジェクトをモデル化する際に不要な詳細を省略するときです。

たとえば人をモデル化してみましょう。人の特徴には、髪の色、目の色、身長、体重、民族、性別、など多くの複雑な要素があります。しかし、人をクラスで表現しようとしたとき、多くの特徴はこのクラスで扱いたい問題に関係ありません。抽象化された Person クラスは、たとえば目の色や身長などは省略されます。Person クラスのオブジェクトは、扱いたい問題にフォーカスして本質的な特徴以外を取り除いた、人の抽象表現です。

ポリモーフィズム

ポリモーフィズム は、「同じインターフェースでありながらデータ型に合わせて異なる動作をする機能」をプログラミングで提供します[注2]。インターフェースとは、関数やメソッドのことです（163ページのコラム1参照）。

次ページのコードは、1つのインターフェースで複数のデータ型を扱っている例です。

[注1]　http://whatis.techtarget.com/definition/abstraction
　　　　（日本語: http://e-words.jp/w/抽象化.html ）
[注2]　http://stackoverflow.com/questions/1031273/what-is-polymorphism-
　　　　what-is-it-for-and-how-is-it-used

161

```
1   # http://tinyurl.com/hrxd7gn
2
3   print("Hello, World!")
4   print(200)
5   print(200.1)
```

>> Hello, World!

>> 200

>> 200.1

　このように print 関数は、文字列、整数、浮動小数点数のどれでも同じインターフェース（使い方）で動作します。print_string や print_int、print_float といったデータ型専用の print 関数を用意する必要はありません。print 関数の1つのインターフェースだけで済みます。

　別の例を示しましょう。組み込み関数の type はデータ型を返します。

```
1   # http://tinyurl.com/gnxq24x
2
3   type("Hello, World!")
4   type(200)
5   type(200.1)
```

>> <class 'str'>

>> <class 'int'>

>> <class 'float'>

　たとえば、三角、四角、円、を描くオブジェクトをそれぞれプログラムします。そのために、Triangle 、Square 、Circle という3つのクラスを実装して、それぞれに draw メソッドを実装します。Triangle.draw() は三角を描き、Square.draw() は四角を描きます。そして Circle.draw() は円を描きます。この設計では、どのオブジェクトにも draw インターフェースがあって、どのような図形を描けばよいのかはメソッドが知っています。これが、異なるデータ型に同じインターフェースを実装する、ということです。

　もし、Pythonがポリモーフィズムをサポートしていなかったら、draw_triangle が Triangle オブジェクト用で、draw_square が Square オ

ブジェクト用で、draw_circle が Circle オブジェクト用、のように専用のメソッドが必要だったかもしれません。

そして、オブジェクトを格納したリストがあってそれぞれ描画しようと思ったら、そのオブジェクトがどのデータ型なのかを確認して、目的に合ったメソッド名を呼ぶ必要があったでしょう。そうなると、プログラムはとても大きくなっていき、読むのも書くのも大変で、壊れやすくなります。当然、プログラムを拡張するのも大変です。新しい図形のデータ型を追加するたびに、データ型を確認して描画しようとしている個所をすべて探して、新しい図形用のチェック処理と呼び出し処理を追加しなければいけません。

次のコードはポリモーフィズムを使わない場合と使う場合の図形を描画する例です。

```
1   # このコードは例なので実行できません
2
3   # ポリモーフィズムなしでさまざまな形状を描画する場合
4   shapes = [tr1, sq1, cr1]
5   for a_shape in shapes:
6       if isinstance(a_shape, Triangle):
7           a_shape.draw_triangle()
8       if isinstance(a_shape, Square):
9           a_shape.draw_square()
10      if isinstance(a_shape, Circle):
11          a_shape.draw_circle()
12
13  # ポリモーフィズムを実装して描画する場合
14  shapes = [tr1, sw1, cr1]
15  for a_shape in shapes:
16      a_shape.draw()
```

ポリモーフィズムなしの例では、新しい図形を shapes リストに追加するたびに、for ループ内でデータ型を確認して、適切なメソッドを呼ぶ処理を追加しなければいけません。ポリモーフィズムを使う例では、shapes リストに図形クラスのオブジェクトを追加するだけで、図形の描画が実行されます。

コラム1

本節で紹介している「ポリモーフィズムを実装して描画する例」は、実際には「ダック・タイピング」と呼ばれるプログラミングの作法です。本節で

は、ダック・タイピングもポリモーフィズムの一例と捉えて扱っています。

　ポリモーフィズムには、本節で紹介しているよりももっと詳しい定義があるのですが、PythonやRubyのような動的型付け言語では、厳密なポリモーフィズムにこだわらず、ダック・タイピングを活用したプログラミングが一般的に行われています。

　ダック・タイピングでは、あるオブジェクト（obj）が期待する属性（.draw()）を持っていて、期待する動作をしてくれるなら、そのオブジェクトが何クラスのインスタンスかは気にしません。

　このような、実行してみて期待通りに動作するならそれで良い、という考え方がダック・タイピングというプログラミングの作法です。「それがアヒルのように歩き、アヒルのように鳴くのなら、それはアヒルだ」という比喩から名付けられました。

継承

　プログラミングにおける継承は、遺伝的継承に似ています。遺伝的継承では、目の色などの属性を両親から受け継ぎます。これと同様に、クラスを作るときにほかのクラスからメソッドや変数を受け継ぎます。継承元となるクラスのことを**親クラス**と言い、継承先クラスのことを**子クラス**と言います。ここでは、継承を使って図形をモデル化します。次のコードは、図形を表すクラスの例です。

```
1   # http://tinyurl.com/zrnqeo3
2
3   class Shape:
4       def __init__(self, w, l):
5           self.width = w
6           self.len = l
7
8       def print_size(self):
9           print("{} by {}".format(self.width, self.len))
10
11  my_shape = Shape(20, 25)
12  my_shape.print_size()
```

```
>> 20 by 25
```

第13章　オブジェクト指向プログラミングの4大要素

　このクラスでは、Shape のオブジェクトを width と len で作れます。
Shape のオブジェクトは print_size メソッドを持っていて width と
len を出力します。

　では、Shape の子クラスを定義してみましょう。子クラスを定義すると
きに、親クラスとして Shape をパラメータに指定します。次のコードは
Shape を継承した Square クラスを定義する例です。

```
1   # http://tinyurl.com/j8lj35s
2
3   class Shape:
4       def __init__(self, w, l):
5           self.width = w
6           self.len = l
7
8       def print_size(self):
9           print("{} by {}".format(self.width, self.len))
10
11
12  class Square(Shape):
13      pass
14
15
16  a_square = Square(20,20)
17  a_square.print_size()
```

>> 20 by 20

　Square クラスの定義でパラメータに Shape クラスを指定したので、
Square クラスは Shape クラスの変数とメソッドを継承しました。クラス
を定義するときに pass というキーワードを使っていますが、これにより
Pythonに何もしなくていいことを伝えています。

　継承した結果、幅と長さを渡して Square オブジェクトを作成できるよ
うになりました。また、Square クラスに実装していない print_size メ
ソッドも使えます。このようなコードの削減によって、同じコードを何度も
書かなくてよくなり、コード全体が小さくなればより扱いやすくなります。

　子クラスには、ほかのクラス定義のようにメソッドや変数を定義できます。
これらは親クラスには影響しません。

165

```
1   # http://tinyurl.com/hwjdcy9
2
3   class Shape:
4       def __init__(self, w, l):
5           self.width = w
6           self.len = l
7
8       def print_size(self):
9           print("{} by {}".format(self.width, self.len))
10
11
12  class Square(Shape):
13      def area(self):
14          return self.width * self.len
15
16  a_square = Square(20, 20)
17  print(a_square.area())
```

>> 400

　子クラスは親クラスのメソッドを継承していますが、このメソッド名と同じメソッドを子クラスで定義することで上書きできます。子クラスが親クラスのメソッドを別の実装で置き換えることを**メソッドオーバーライド**と言います。

```
1   # http://tinyurl.com/hy9m8ht
2
3   class Shape:
4       def __init__(self, w, l):
5           self.width = w
6           self.len = l
7
8       def print_size(self):
9           print("{} by {}".format(self.width, self.len))
10
11
12  class Square(Shape):
13      def area(self):
14          return self.width * self.len
15
16      def print_size(self):
```

第13章　オブジェクト指向プログラミングの4大要素

```
17              print("I am {} by {}".format(self.width, self.len))
18
19   a_square = Square(20, 20)
20   a_square.print_size()
```

>> I am 20 by 20

この例では、親クラスにある print_size メソッドを同じ名前で子クラ
スに新しく定義してメソッドオーバーライドしました。このため、このメソ
ッドを呼ぶと新しいメッセージが出力されています。

コンポジション

ここまで、**オブジェクト指向プログラミングの4大要素**を学んできました。
ここでもう1つ、**コンポジション**という重要なコンセプトを紹介します。コ
ンポジションは「has-a関係」を表し、別クラスのオブジェクトを変数とし
て持たせます。たとえば、犬とその飼い主という関係を表すのにコンポジショ
ンを使い、犬は1人の飼い主を持つ、と表現します。

次のコードは、この関係をクラスで定義して、犬と人間の関係を表現する
例です。

```
1   # http://tinyurl.com/zqg488n
2
3   class Dog:
4       def __init__(self, name, breed, owner):
5           self.name = name
6           self.breed = breed
7           self.owner = owner
8
9   class Person:
10      def __init__(self, name):
11          self.name = name
```

そして、Dog オブジェクトの作成時にその犬の飼い主として Person オ
ブジェクトを渡します。

167

```
1    # http://tinyurl.com/zlzefd4
2    # 前のコードの続き
3
4    mick = Person("Mick Jagger")
5    stan = Dog("Stanley", "Bulldog", mick)
6    print(stan.owner.name)
```

>> Mick Jagger

　"Stanley" という名前の stan オブジェクトは、"Mick Jagger"とい
う名前の Person オブジェクトをインスタンス変数 owner に持ちます。

用語集

オブジェクト指向プログラミングの4大要素：カプセル化、抽象化、ポリモー
フィズム、継承

カプセル化：2つの概念で成り立っている。1つ目は、オブジェクト指向プ
ログラミングにおいて、オブジェクトによって複数の変数（状態）とメソッ
ド（状態を変更したり状態を使って計算する）をまとめること。2つ目は、
データをクラス内に隠蔽して外から見えないようにすること

client：クラスの外側からオブジェクトを操作するコード

抽象化：「対象から小さな特徴を除いて、本質的な特徴だけ集めた状態」に
する手順（注1参照）

ポリモーフィズム：「プログラミングでは同じインターフェースでありなが
らデータ型に合わせて異なる動作をする機能」（注2参照）

継承：遺伝的継承では、目の色などの属性を両親から受け継ぐ。同様に、ク
ラスを作るときにほかのクラスからメソッドや変数を受け継ぐこと

親クラス：継承元となるクラスのこと

子クラス：継承先クラスのこと

メソッドオーバーライド：子クラスが親クラスのメソッドを別の実装で置き
換えること

コンポジション：別クラスのオブジェクトを変数として持たせること。
「has-a関係」

プライベート変数：オブジェクトの中からアクセスできるが、clientからは

第13章　オブジェクト指向プログラミングの4大要素

アクセスできない変数

プライベートメソッド：オブジェクトの中からアクセスできるが、client か
らはアクセスできないメソッド

パブリック変数：client からアクセスできる変数

チャレンジ

1. Rectangle と Square クラスを作ろう。両方のクラスに、その図形の
   外周の長さを計算して返す calculate_perimeter メソッドを定義し
   よう。そして、Rectangle と Square のオブジェクトを作って、それ
   ぞれの calculate_perimeter メソッドを呼ぼう。
2. Square クラスに change_size メソッドを定義して、そこに渡した数
   値の分だけ Square オブジェクトの横幅を増やしたり、減らしたり（マ
   イナス値の場合）してみよう。
3. Shapeクラスを定義しよう。呼ばれたら "I am a shape" を返すメソ
   ッド what_am_i を定義しよう。前のチャレンジで定義した
   Rectangle と Square クラスを変更して、この Shape クラスを継承
   させよう。そして、Rectangle と Square のオブジェクトを生成して、
   このチャレンジで追加したメソッド what_am_i を呼んでみよう。
4. Horse クラスと Rider クラスを定義しよう。コンポジションを使って、
   馬（Horse）に騎手（Rider）を持たせよう。

解答：http://tinyurl.com/hz9qdh3

169

PART 2

第14章
もっとオブジェクト指向
プログラミング

コードを詩的に扱いなさい、そしてギリギリまで磨きなさい。
—— Ilya Dorman（イリヤ・ドルマン）

　本章では、オブジェクト指向プログラミングに関連するコンセプトをもう
いくつか紹介します（コラム1参照）。

コラム1

　第12章では次のように紹介しました。
・すべてのオブジェクトはクラスのインスタンスである
・クラスから作られるオブジェクトをインスタンスと呼ぶ
・本書の文脈では、オブジェクトと言ったときはインスタンスのことを指す
　本章を読んでこれらの関係が分からなくなったら、上記を思い返してくだ
さい。

クラス変数 vs インスタンス変数

　Pythonでは、クラスもオブジェクトです。このアイディアはSmalltalkに
由来します。Smalltalkは、オブジェクト指向プログラミングの先駆者で、
影響力のあるプログラミング言語です。Pythonのどのクラスもオブジェク
トで、type クラスのインスタンスです（コラム2参照）。

コラム2

　プログラマーは「○○クラスのインスタンス」と言ったり、「インスタン
スオブジェクト」と言ったり、単に「オブジェクト」と言ったりしますが、
これらはすべて同じ意味で使われます。Pythonは、クラスそのものもオブ
ジェクトとして扱えます。その場合、単にオブジェクトと呼ぶと紛らわしい
ので、「クラスオブジェクト」と明示的に呼びます。本章では、クラスオブ

170

第14章　もっとオブジェクト指向プログラミング

ジェクトの使い方を少しだけ紹介します。

　Pythonでは、クラスは type クラスから作られるオブジェクトです。この「クラスを作るクラス」のことを「メタクラス」と呼びます。しかし、この話題は本書の範囲を超えるため、今は気にしないでください。

```
1   # http://tinyurl.com/h7ypzmd
2
3   class Square:
4       pass
5
6
7   print(Square)
```

\>> <class '__main__.Square'>

　上記のコード例では、Square というクラスオブジェクトを出力しています。

　クラスには、**クラス変数**と**インスタンス変数**の2種類の変数があります。これまでクラスで使ってきた self.[変数名]=[値]のように書く変数は、インスタンス変数です。インスタンス変数はインスタンスオブジェクトに属します。

```
1   # http://tinyurl.com/zmnf47e
2
3   class Rectangle:
4       def __init__(self, w, l):
5           self.width = w
6           self.len = l
7
8       def print_size(self):
9           print("{} by {}".format(self.width, self.len))
10
11
12  my_rectangle = Rectangle(10, 24)
13  my_rectangle.print_size()
```

\>> 10 by 24

171

このコード例では、width と len がインスタンス変数です。

クラス変数は、各クラス定義時にPythonが作成したクラスオブジェクトに属します。クラス変数は、クラス定義の中に通常の変数のように定義します。この変数に対しては、クラスオブジェクトから参照できますし、このクラスから作られたインスタンスオブジェクトからも参照できます。こうしたクラス変数へのアクセスは、インスタンス変数へのアクセスと同じようにできます（self. を変数名の前に付けましょう）。クラス変数が便利なのは、そのクラスから作られたインスタンスオブジェクトのどこからでも利用できるデータとして使えることです。グローバル変数に頼らなくて済むわけです。

```
1    # http://tinyurl.com/gu9unfc
2
3    class Rectangle:
4        recs = []
5
6        def __init__(self, w, l):
7            self.width = w
8            self.len = l
9            self.recs.append((self.width, self.len))
10
11       def print_size(self):
12           print("{} by {}".format(self.width, self.len))
13
14
15   r1 = Rectangle(10, 24)
16   r2 = Rectangle(20, 40)
17   r3 = Rectangle(100, 200)
18
19   print(Rectangle.recs)
```

>> [(10, 24), (20, 40), (100, 200)]

このコード例では、クラス Rectangle にクラス変数 recs を追加しました。クラス変数の定義は、__init__ メソッドの外で行います。__init__ が呼ばれるのは、クラスのインスタンスを作成したときだけです。クラスオブジェクトを通してクラス変数にアクセスできますが、そのときには __init__ メソッドは呼ばれません。

第14章　もっとオブジェクト指向プログラミング

クラス定義のあとに、Rectangle クラスのオブジェクト（＝インスタンス）を3つ作っています。それぞれの Rectangle のインスタンスが作られるたびに __init__ メソッドが呼ばれ、幅と長さを含むタプルを recs リストに追加しています。つまり、Rectangle のインスタンスが作られるたびに recs リストに幅と長さのタプルが追加されます。クラス変数を使うと、グローバル変数を使わずに、クラスのインスタンス間でデータを共有できます[訳注1]。

特殊メソッド

Pythonのすべてのクラスは、object クラスを継承します。そのため object から継承したメソッドが使えます。たとえば、クラスから作成したインスタンスオブジェクトを print 関数に渡すと、次のコード例のように動作します。

```
1  # http://tinyurl.com/ze8yr7s
2
3  class Lion:
4      def __init__(self, name):
5          self.name = name
6
7
8  lion = Lion("Dilbert")
9  print(lion)
```

\>> <__main__.Lion object at 0x101178828>

Lion のオブジェクト（＝インスタンス）を print 関数に渡すと、Pythonは object クラスから継承した __repr__ という特殊メソッドを呼び出します。それから__repr__ が返してきた値を出力します。この __repr__ メソッドをオーバーライドして出力したい内容を変更できます。

```
1  # http://tinyurl.com/j5rocqm
2
```

[訳注1] クラス変数の更新は、グローバル変数を使う場合と同じ問題に遭遇するため、できるだけ避けるべきです。クラス変数に定数を持たせるのは、一般的に行われます。

173

```
 3   class Lion:
 4       def __init__(self, name):
 5           self.name = name
 6
 7       def __repr__(self):
 8           return self.name
 9
10
11   lion = Lion("Dilbert")
12   print(lion)
```

>> Dilbert

　object から継承した __repr__ メソッドをオーバーライドすることで、
メソッドが Lion オブジェクトの名前（＝インスタンス変数name）を返す
ように変更しました。このため、Lion のオブジェクトを出力すると、
<__main__.Lion object at 0x101178828> のような文字列ではなく、
名前（この例では Dilbert ）が出力されるようになりました。
　演算子の対象となるオブジェクト（被演算子）は、演算子が式を評価する
のに使用する特殊メソッドを持つ必要があります。たとえば、2 + 2 とい
う式では、被演算子となるどちらの整数値も特殊メソッド __add__ を持っ
ていて、Pythonは足し算を評価するためにこのメソッドを呼びます。つま
り、__add__ メソッドをクラスに持たせれば、そのオブジェクトを足し算
の演算子で計算できるのです。

```
 1   # http://tinyurl.com/hlmhrwv
 2
 3   class AlwaysPositive:
 4       def __init__(self, number):
 5           self.n = number
 6
 7       def __add__(self, other):
 8           return abs(self.n + other.n)
 9
10
11   x = AlwaysPositive(-20)
12   y = AlwaysPositive(10)
13
14
```

174

第 14 章　もっとオブジェクト指向プログラミング

```
15 print(x + y)
```

>> 10

　AlwaysPositive のオブジェクトは __add__ メソッドを持っているので、
足し算の演算子に対して被演算子として使えます。Pythonは足し算の式を
評価するときに、演算子の左側のオブジェクトの __add__ メソッドを呼び
出します。そして、演算子の右側のオブジェクトをそのメソッドに渡し、メ
ソッドの戻り値を式の評価結果として使います。

　この例の __add__ メソッドでは、2つの数値を足して、その結果を組み
込み関数 abs に渡して絶対値に変換しています。__add__ メソッドを定
義したことで、2つの AlwaysPositive のオブジェクトを足し算演算子に
渡すと、計算結果は2つの数値の合計を絶対値にした値になります。つまり、
式の評価結果は必ず正の値になるのです。

is

　is キーワードは、前後のオブジェクトが同一のオブジェクトなら True
を返します。同じでないなら、False を返します。

```
1   # http://tinyurl.com/gt28gww
2
3   class Person:
4       def __init__(self):
5           self.name = 'Bob'
6
7   bob = Person()
8   same_bob = bob
9   print(bob is same_bob)
10
11
12  another_bob = Person()
13  print(bob is another_bob)
```

>> True

>> False

175

式の中で、オブジェクト bob と same_bob を is キーワードで比較すると、2つの変数は Person から作られた1つのオブジェクトを指しているので、この式は True と評価されます。

ここで、新しくもう1つの Person のオブジェクトを作って bob と比較してみましょう。今度は、2つの変数が別のオブジェクトを指しているので、式は False に評価されます。

is キーワードは、ある変数が None かどうかを調べるときにも使います。

```
1  # http://tinyurl.com/jjettn2
2
3  x = 10
4  if x is None:
5      print("x はNone :( ")
6  else:
7      print("x はNoneじゃない")
8
9  x = None
10 if x is None:
11     print("x はNone")
12 else:
13     print("x はNoneじゃない :( ")
```

>> x はNoneじゃない

>> x はNone

用語集

クラス変数：クラスオブジェクトと、クラスから作られたインスタンスオブジェクトに属する変数

インスタンス変数：インスタンスオブジェクトに属する（クラス変数以外の）変数

第 14 章　もっとオブジェクト指向プログラミング

チャレンジ

1. Square クラスに square_list クラス変数を追加しよう。そして、新しく Square クラスのオブジェクトが作られるたびに、そのオブジェクトをこのリストに追加しよう。

2. Square クラスのオブジェクトを print 関数に渡したら、4辺それぞれの長さを出力しよう。たとえば、Square(29) のようにオブジェクトを作ったら、print 関数では 29 by 29 by 29 by 29 と出力しよう。

3. 2つのパラメーターを受け取る関数を書こう。この関数は同じオブジェクトを渡されたら True を返し、そうじゃなかったら False を返そう。

解答：http://tinyurl.com/j9qjnep

177

PART 2

第15章

知識を1つにまとめる

コードが動くまでは口先だけだね。
—— **Ward Cunningham（ウォード・カニンガム）**

　本章では、これまで学んだことのまとめとして、「戦争（War)」という人気のカードゲームを作ります。「戦争」では、どのプレーヤーもデッキ（山札、後述します）からカードを引いて同時に場に出し、大きい数字を出したプレーヤーが勝ちます。これから、このゲームの要素を表すクラスをプログラミングしていきます。要素には、カード、デッキ、プレーヤー、そしてゲーム自体があります。それでは始めましょう！

Card

　次のコードは、カードを表すクラスです。

```
1   # http://tinyurl.com/jj22qv4
2
3   class Card:
4       suits = ["spades", "hearts", "diamonds", "clubs"]
5
6       values = [None, None,
7                 "2", "3", "4", "5", "6", "7", "8", "9",
8                 "10", "Jack", "Queen", "King", "Ace"]
9
10      def __init__(self, v, s):
11          """スート(マーク)も値も整数値です"""
12          self.value = v
13          self.suit = s
14
15      def __lt__(self, c2):
16          if self.value < c2.value:
17              return True
```

178

第15章　知識を1つにまとめる

```
18          if self.value == c2.value:
19              if self.suit < c2.suit:
20                  return True
21              else:
22                  return False
23          return False
24
25      def __gt__(self, c2):
26          if self.value > c2.value:
27              return True
28          if self.value == c2.value:
29              if self.suit > c2.suit:
30                  return True
31              else:
32                  return False
33          return False
34
35      def __repr__(self):
36          v = self.values[self.value] + " of " \
37              + self.suits[self.suit]
38          return v
```

　Card クラスには2つのクラス変数 suits と values があります。suits はカードのスート（マーク）（スペード、ハート、ダイヤ、クラブ）を表す文字列を持つリスト型の変数です。values も文字列のリストですが、こちらにはカードの値を表す文字列を持っています。それぞれ、2から10の数字、ジャック、クイーン、キング、エースを表します。values の最初の2つの要素には、リストのインデックス操作と値が一致するように、None を持たせています。つまり、values[2] でリストの要素にアクセスしたら "2" を取得できます。

　Card オブジェクトは、2つのインスタンス変数 suit と value を持っています。どちらも整数で、この2つの値でそのオブジェクトがどんなカードなのかを表します。たとえば、「ハートの2」のカードを作りたければ、Card クラスに 2（数値として）と、1（スートとして、suits のインデックス 1 はハート）を渡します。

　Card クラスは、特殊メソッド __lt__ と __gt__ を定義しています。この2つのメソッドのおかげで、Card のオブジェクトは大小比較の演算子で比較できるようになります。この2つのメソッドの引数に渡された値は、

179

そのオブジェクトの値よりも大きいか、小さいかを比較して結果を返します。もし値が同じだったら、スートの値を比較してその結果を返すようにしています。

スートの強さは suits リストに並んでいる順番、インデックスの値で決まります。最初のスートが一番弱くて、最後のスートが一番強いということです。

```
1   # http://tinyurl.com/j6donnr
2
3   card1 = Card(10, 2)
4   card2 = Card(11, 3)
5   print(card1 < card2)
```

>> True

```
1   # http://tinyurl.com/hc9ktlr
2
3   card1 = Card(10, 2)
4   card2 = Card(11, 3)
5   print(card1 > card2)
```

>> False

Card には、もう1つ特殊メソッドがあります。 __repr__ が返す値は、プリント出力したときにインスタンス変数 value と suit を表示するようにしてあります。このとき、数字のまま表示するのではなく、クラス変数 values と suits の値を使います。

```
1   # http://tinyurl.com/z57hc75
2
3   card = Card(3, 2)
4   print(card)
```

>> 3 of diamonds

第 15 章　知識を１つにまとめる

Deck

　次に、デッキ（カード一式となる52枚のトランプ）を表すクラスを作りましょう。

```
1   # http://tinyurl.com/jz8zfz7
2
3   from random import shuffle
4
5
6   class Deck:
7       def __init__(self):
8           self.cards = []
9           for i in range(2, 15):
10              for j in range(4):
11                  self.cards.append(Card(i, j))
12          shuffle(self.cards)
13
14      def rm_card(self):
15          if len(self.cards) == 0:
16              return
17          return self.cards.pop()
```

　Deck オブジェクトを初期化するとき、すべてのカードを用意するために __init__ メソッドの中で2つのforループを使って Card オブジェクトを作ります。これで52枚のカードが cards リストに追加されます。最初のforループでは、2 から 15 の値を繰り返します。 2 から始めているのは、用意しているカードが2からだからです。最後の値は 14（エース）です。内側のforループでは、0 から 3 の値を繰り返します。

　外側のループと内側のループで用意した値を組み合わせて、Card のオブジェクトを作ります。外側のループが 14（エース）で内側のループが 2（ダイヤ）の場合、ダイヤのエースのカードが作られます。

　この2重ループの実行で、52枚のカードが用意できました。カードが用意できたら、最後に cards リストをシャッフルします。カードをランダムに混ぜるために、random モジュールの shuffle メソッドを使っています。

　ここで作ったデッキクラスにはもう1つメソッドがありますね。 rm_card メソッドは、cards リストから要素を1つ削除して、その要素を返します。もしリストが空だったら、None を返します。

181

それでは、Deck のオブジェクトを作って、すべてのカードをプリント出力してみましょう。

```
1  # http://tinyurl.com/hsv5n6p
2
3  deck = Deck()
4  for card in deck.cards:
5      print(card)
```

>> 4 of spades

>> 8 of hearts

...

Player

プレーヤーを表すクラスです。プレーヤーの名前、持っているカード、そしてゲームで何回勝ったかという情報を持っています。

```
1  # http://tinyurl.com/gwyrt2s
2
3  class Player:
4      def __init__(self, name):
5          self.wins = 0
6          self.card = None
7          self.name = name
```

Player クラスは、3つのインスタンス変数を持っています。 wins はゲームで何回勝ったかの回数です。 card はそのときプレーヤーが持っているカードです。 name はプレーヤーの名前です。

Game

最後に、ゲーム自体を表すクラスを作りましょう。

```
1  # http://tinyurl.com/huwq8mw
2
3  class Game:
```

182

第15章　知識を1つにまとめる

```python
    def __init__(self):
        name1 = input("プレーヤー1の名前 ")
        name2 = input("プレーヤー2の名前 ")
        self.deck = Deck()
        self.p1 = Player(name1)
        self.p2 = Player(name2)

    def wins(self, winner):
        w = "このラウンドは {} が勝ちました"
        w = w.format(winner)
        print(w)

    def draw(self, p1n, p1c, p2n, p2c):
        d = "{} は {}、{} は {} を引きました"
        d = d.format(p1n, p1c, p2n, p2c)
        print(d)

    def play_game(self):
        cards = self.deck.cards
        print("戦争を始めます!")
        while len(cards) >= 2:
            m = "q で終了、それ以外のキーでPlay:"
            response = input(m)
            if response == 'q':
                break
            p1c = self.deck.rm_card()
            p2c = self.deck.rm_card()
            p1n = self.p1.name
            p2n = self.p2.name
            self.draw(p1n, p1c, p2n, p2c)
            if p1c > p2c:
                self.p1.wins += 1
                self.wins(self.p1.name)
            else:
                self.p2.wins += 1
                self.wins(self.p2.name)

        win = self.winner(self.p1, self.p2)
        print("ゲーム終了、{} の勝利です!".format(win))

    def winner(self, p1, p2):
        if p1.wins > p2.wins:
            return p1.name
```

```
47          if p1.wins < p2.wins:
48              return p2.name
        return "引き分け!"
```

　Game のオブジェクトを作ると、Pythonは __init__ メソッドを呼びます。すると input 関数が実行されて、プレーヤーの名前を聞いてきます。入力した値は変数 name1 と name2 に格納されます。次に、Deck のオブジェクトを作ってインスタンス変数 deck に格納し、そして、先ほどの2つの変数 name1 と name2 を使って Player オブジェクトを作ります。

　Game クラスの play_game メソッドでゲームが始まります。このメソッドはゲーム中ずっとループするコードを持ち、デッキのカードが2枚未満になるか、response 変数に q という文字が代入されるまで繰り返します。ループを回すごとに response 変数にユーザーから入力された値が代入されます。

　play_game メソッドでは、ループごとに2つのカードがデッキから引かれ、1枚目を self.p1.card 、2枚目を self.p2.card に代入します。そして、引いたカードをプリント出力し、2枚のカードどちらが大きいか比較します。大きいカードを引いたプレーヤーの wins インスタンス変数をインクリメントして、勝者がどちらなのかを表示します。

　Game クラスの winner メソッドは2つのプレーヤーオブジェクトを引数で受け取ります。そして、どちらの勝利回数が多いか比較して、多く勝った方のプレーヤー名前を返します。

　Deck オブジェクトからカードがなくなったら、play_game メソッドは winner メソッドを呼び（ p1 と p2 を渡します）、そしてゲームの勝者を表示して終了します。

戦争のコード全体

　このゲームのコードすべてを再掲します[訳注1]。

....

[訳注1]　この「戦争」のコードは、可読性を考慮しているためか、冗長と思われる個所があります。
　　　　　そうした個所を変更したコードを巻末の補章に掲載していますので、コードの書き方を
　　　　　学ぶ上で参考にしてください。

第 15 章　知識を 1 つにまとめる

```python
1    # http://tinyurl.com/ho7364a
2
3    from random import shuffle
4
5
6    class Card:
7        suits = ["spades", "hearts", "diamonds", "clubs"]
8
9        values = [None, None,
10                  "2", "3", "4", "5", "6", "7", "8", "9",
11                  "10", "Jack", "Queen", "King", "Ace"]
12
13       def __init__(self, v, s):
14           """スート(マーク)も値も整数値です"""
15           self.value = v
16           self.suit = s
17
18       def __lt__(self, c2):
19           if self.value < c2.value:
20               return True
21           if self.value == c2.value:
22               if self.suit < c2.suit:
23                   return True
24               else:
25                   return False
26           return False
27
28       def __gt__(self, c2):
29           if self.value > c2.value:
30               return True
31           if self.value == c2.value:
32               if self.suit > c2.suit:
33                   return True
34               else:
35                   return False
36           return False
37
38       def __repr__(self):
39           v = self.values[self.value] + " of " \
40               + self.suits[self.suit]
41           return v
42
43
```

```python
44    class Deck:
45        def __init__(self):
46            self.cards = []
47            for i in range(2, 15):
48                for j in range(4):
49                    self.cards.append(Card(i, j))
50            shuffle(self.cards)
51
52        def rm_card(self):
53            if len(self.cards) == 0:
54                return
55            return self.cards.pop()
56
57
58    class Player:
59        def __init__(self, name):
60            self.wins = 0
61            self.card = None
62            self.name = name
63
64
65    class Game:
66        def __init__(self):
67            name1 = input("プレーヤー1の名前 ")
68            name2 = input("プレーヤー2の名前 ")
69            self.deck = Deck()
70            self.p1 = Player(name1)
71            self.p2 = Player(name2)
72
73        def wins(self, winner):
74            w = "このラウンドは {} が勝ちました"
75            w = w.format(winner)
76            print(w)
77
78        def draw(self, p1n, p1c, p2n, p2c):
79            d = "{} は {}、{} は {} を引きました"
80            d = d.format(p1n, p1c, p2n, p2c)
81            print(d)
82
83        def play_game(self):
84            cards = self.deck.cards
85            print("戦争を始めます!")
86            while len(cards) >= 2:
```

第15章　知識を1つにまとめる

```
 87                         m = "q で終了、それ以外のキーでPlay:"
 88                         response = input(m)
 89                         if response == 'q':
 90                             break
 91                         p1c = self.deck.rm_card()
 92                         p2c = self.deck.rm_card()
 93                         p1n = self.p1.name
 94                         p2n = self.p2.name
 95                         self.draw(p1n, p1c, p2n, p2c)
 96                         if p1c > p2c:
 97                             self.p1.wins += 1
 98                             self.wins(self.p1.name)
 99                         else:
100                             self.p2.wins += 1
101                             self.wins(self.p2.name)
102
103                 win = self.winner(self.p1, self.p2)
104                 print("ゲーム終了、{} の勝利です!".format(win))
105
106         def winner(self, p1, p2):
107             if p1.wins > p2.wins:
108                 return p1.name
109             if p1.wins < p2.wins:
110                 return p2.name
111             return "引き分け!"
112
113     game = Game()
114     game.play_game()
```

\>\> プレーヤー1の名前

・・・

　なお、巻末の補章で、冗長と思われる個所などを改善したコードを紹介しています。本コードを理解したら、そちらも参照してみると良いでしょう。

187

第3部

PART 3

PART 3

第16章

Bash

コンピュータープログラミング以外の仕事は考えられない。毎日、形なき空虚からパターンや構造を見つけ、小さなパズルを山ほど解き続けている。　　　　　——Peter van der Linden（ピーター・ヴァン・デ・リンデン）

　本章では、**Bash** の使い方を学びましょう。 Bashは **コマンドラインインターフェース** と呼ばれるツールで、OSと対話するかのようにキーボードで命令を入力して、プログラムを実行します。Bashは、ほとんどのUnix系OSに用意されているコマンドラインインターフェースの一種です。ここから先は、**コマンドライン** と呼びます。

　私が初めてプログラミングの仕事に就いたとき、プログラミングの練習にすべての時間を費やしてしまいました。もちろん、プロとしてプログラミングしていくには、才能あるプログラマーになる必要があります。しかし、そのためにはプログラミング以外にもさまざまなスキルを身に付ける必要があります。たとえば、コマンドラインの使い方もその1つです。コマンドラインは、コードを書かずに何でも実行できる「コントロールセンター」です。

　たとえばこの本の後ろの方で、ほかの人が作ったパッケージをインストールしたり管理したりするためのパッケージ管理ツールや、ほかの人と共同作業するために使うバージョン管理ツールについて学びます。これらのツールは、コマンドラインを使って操作します。ほかにも、データを操作するような最近のソフトウェアは、ほとんどがインターネット経由での通信を伴い、通信相手となるサーバーの大半はLinuxで動作しています。こういったサーバーでは、すべての操作をユーザー向けのグラフィカルな画面ではなく、コマンドラインで行います。

　コマンドライン、パッケージ管理ツール、正規表現、バージョン管理ツールといった、プログラミングをする上で重要なツールは、プログラマーの武器になります。私が一緒に働いていたチームの誰もが、こういったツールを使いこなしていました。

190

第 16 章　Bash

　プロとしてプログラミングしていくのであれば、こういったツールを使い
こなせることが期待されます。私は出遅れてしまいました。もっと早くに、
こういったツールの使い方を学び始めれば良かったと思っています。

Bashを使うために

　もし、UbuntuかmacOSを使っているなら、そのコンピューターには
Bashが入っているはずです。Windowsの場合は、コマンドラインとして
コマンドプロンプトが入っています（本章では対象としません）。
Windows 10の最新版なら、Windows Subsystem for LinuxでBashが使
えます。使い方は以下を参照してください[訳注1]。

　https://www.theselftaughtprogrammer.io/windows10bash

　WindowsにBashをインストールしない選択肢もあります。Amazon
AWSでUbuntuサーバーを動かして使いましょう。サーバーのセットアッ
プは簡単だし、AWSはプログラミングの世界で広く使われているので、使
ってみることは貴重な経験になるでしょう。以下を読んで始めてみましょう。

　https://www.theselftaughtprogrammer.io/aws

　本章ではコマンドラインとしてBashのみを扱いますが、次に続く2つの章
は、Windowsのコマンドプロンプトでもコマンドが動作します。
Windowsのコマンドプロンプトは、スタートメニューから見つけられます。

Bashを見つけよう

　コンピューターからBashを見つける手順はOSごとに異なります。
Ubuntuの場合、「コンピューターとオンラインリソースを検索」というアイ
コンをクリックして「端末」を検索しましょう。macOSなら「Spotlight」
というメニューバー右上隅にある虫眼鏡アイコンをクリックして「ターミナ
ル」を検索しましょう。

[訳注1]　日本語での記述には以下があります。
　　　　http://www.atmarkit.co.jp/ait/articles/1608/08/news039.html

191

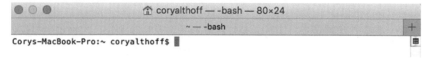

macOSでターミナルを起動したところ

コマンド

　BashはPythonの対話シェルに似ています。Bashでコマンドを入力することは、Pythonで関数を実行するようなものです。必要なら、コマンドのあとにスペースを1つ空けて、そのコマンドの引数を指定します。そして、Enterキーを押すと、Bashはコマンドの実行結果を返します。たとえば、`echo` コマンドは、Pythonの `print` 関数のように使えます。

　本書やほかのプログラミング関係の文書を見ると、ドル記号（`$`）に続けてコマンドが表示されている例があります。これは、そのコマンド（ドル記号の次の文字から）をコマンドラインで実行するという意味です。

```
1  # http://tinyurl.com/junx62n
2
3  $ echo Hello, World!
```

>> Hello, World!

　この例では、Bashに対してまず `echo` と入力して、スペースを1つ空けた後ろに `Hello, World!` という引数を入力しています。そして、Enterキーを押すと、Bashに `Hello, World!` と表示されます。

　コマンドラインからはいろいろなプログラムを使えます。たとえば、Pythonもその1つです。`python3` と入力してみましょう。

```
1  # http://tinyurl.com/htoospk
2
3  $ python3
```

　これで、Pythonのコードを実行できるようになりました。

第16章 Bash

```
1   # http://tinyurl.com/jk2acua
2
3   print("Hello, World!")
```

>> Hello, World!

exit() と入力して、Pythonを終了しましょう。

最近使ったコマンド

これまでに入力したコマンドや出力は、ターミナルのスクロールバーにある上下のスクロールボタンをクリックすれば見られます。実行したコマンドの履歴を一覧表示するには、history コマンドを使います。

```
1   # http://tinyurl.com/go2spbt
2
3   $ history
```

>> 1. echo Hello, World!

相対パス vs 絶対パス

OSはディレクトリとファイルの上で動作しています。 **ディレクトリ** は、フォルダとも呼ばれています。すべてのディレクトリとファイルにはパスがあります。後述するように、パスはあるディレクトリやファイルがOS内のどこにあるのかを表しています。Bashを使っている間は、必ずどこかのディレクトリの中にいて、そこがどこなのかはパスで正確に表現できます。

現在のパスを知るには、pwd コマンドを使います。現在のパスのことを作業ディレクトリ（working directory）と呼び、pwd は print working directory、つまり、作業ディレクトリを出力するという意味のコマンドです。

次ページに例を示します。

193

```
1  # http://tinyurl.com/hptsqhp
2
3  $ pwd
```

>> /Users/coryalthoff

　OSがどのようなディレクトリ構成で、自分が今どのディレクトリにいるのかは、ツリー構造で表現されます。コンピューターサイエンスでは、ツリーはデータ構造の中の重要な概念の1つです（第4部で紹介します）。ツリーでは、一番上にroot（ルート）があります。ルートからいくつかの枝が生えて、それぞれの枝の先にまた枝がある構造をしています。これがどこまでも続きます。次の図はOS内のツリーを表した例です。

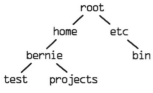

OS内のツリーを表した例

　どの枝にも名前が付いていて、ルートも含めてすべてディレクトリを表しています。どのディレクトリも別のディレクトリとつながっています。Bashを使っているときは、このツリーのどこかのディレクトリ内にいます。どのディレクトリにいるのかは **パス** で表現します。ディレクトリやファイルをパスで表現するとき、**絶対パス** と **相対パス** という2種類の表現方法があります。
　絶対パスは、ルートディレクトリから順にたどって、ファイルやディレクトリの場所を表現します。絶対パスはルートディレクトリからたどった順に名前を並べて、スラッシュ（/）で区切ったものです。先ほどの図で、bernie ディレクトリの絶対パスは /home/bernie です。パスを / から書くと、ルートディレクトリからたどったことになります。そして、home ディレクトリが続き、/ で区切って、bernie ディレクトリが続きます。
　相対パスは、コンピューター上の場所を表すもう1つの方法です。ルートディレクトリからたどる代わりに、現在の作業ディレクトリからたどってい

きます。この場合、パスの最初に / を書きません。 / 以外の文字からパス
を書くことで、Bashは相対パスだと解釈します。たとえば、現在の作業ディ
レクトリが home のとき、projects ディレクトリへの相対パスは
bernie/projects になります。同様に、bernie への相対パスは bernie
です。作業ディレクトリがルートの場合、projects への相対パスは
home/bernie/projects です。

作業ディレクトリの変更

作業ディレクトリを変更するには、cd コマンドを使います。 cd コマン
ドの引数に、絶対パスか相対パスを指定して実行すれば作業ディレクトリを
変更できます。引数にパスを指定するとき、/ だけを指定すれば、絶対パス
としてルートディレクトリを指定したことになります。

```
1  # http://tinyurl.com/hjgz79h
2
3  $ cd /
```

現在のディレクトリを確認するには、pwd コマンドを使います。

```
1  # http://tinyurl.com/j6ax35s
2
3  $ pwd
```

>> /

ディレクトリに何があるのかを一覧表示するには ls コマンドを使います。
このコマンドは、現在の作業ディレクトリにあるファイルやディレクトリを
表示します。

```
1  # http://tinyurl.com/gw4d5yw
2
3  $ ls
```

>> bin dev initrd.img lost+found ...

新しいディレクトリを作るには mkdir コマンドを使います。このコマンドの引数に、作りたいディレクトリの名前を指定して実行してください。ディレクトリ名にはスペースを含められません。試しに、自分のホームディレクトリに移動して（Unix系OSでは、ホームディレクトリのパスを表す別名 ~ が使えます）、mkdir コマンドで tstp ディレクトリを作ってみましょう。

```
1  # http://tinyurl.com/zavhjeq
2
3  $ cd ~
4  $ mkdir tstp
```

そして、ディレクトリがちゃんと作られたか、ls コマンドで確認しましょう。

```
1  # http://tinyurl.com/hneq2f6
2
3  $ ls
```

```
>> tstp
```

作ったディレクトリに移動してみましょう。 cd コマンドの引数に相対パス tstp を指定して実行します。

```
1  # http://tinyurl.com/zp3nb2l
2
3  $ cd tstp
```

cd コマンドの引数に2つのドット（..）を指定すると、1つ親（ツリーの1つ上）のディレクトリに移動します。

```
1  # http://tinyurl.com/z2gevk2
2
3  $ cd ..
```

ディレクトリを削除するには rmdir コマンドを使います。先ほど作成した tstp ディレクトリを削除してみましょう。

第 16 章　Bash

```
1   # http://tinyurl.com/jkjjo6s
2
3   $ rmdir tstp
```

本当に削除されたかを確認するために ls コマンドを実行します。

```
1   # http://tinyurl.com/z32xn2n
2
3   $ ls
```

フラグ

　コマンドの引数には、フラグ[訳注2] を渡すこともできます。コマンドを実行する人は、そのコマンドの動作を変更したいときに、フラグを指定します。一般に、すべてのフラグが省略された場合は False に設定されて、フラグを指定したときに True になります。フラグを指定してコマンドを実行したとき、コマンドはデフォルト（標準設定）とは異なる動作になります。一般に、フラグとほかの引数を見分けるため、フラグは - や -- に続けてフラグ名を書きます（1つなのか2つなのかは、コマンドによって異なります）。

　Linuxの場合、たとえば、ls コマンドの引数に --author フラグを指定すると、author フラグが True として解釈されます。その結果、ls コマンドは各ファイルとディレクトリの作者名を表示します。

　ls の --author フラグは -l（小文字のエル）フラグと一緒に使います（198ページのコラム1参照）。

```
1   $ ls --author -l
```

```
>> drwx------+ 13 coryalthoff coryalthoff 442B Sep 16 17:25 Pictures
>> drwx------+ 25 coryalthoff coryalthoff 850B Nov 23 18:09 Documents
```

[訳注2]　オプションとも言います。

197

> ## コラム1
>
> 　macOSの`ls`コマンドには`--author`フラグはありません。macOSは、DarwinというBSD系列のUnix OSです。後発のLinuxとは異なる系列で、各コマンドのフラグや動作も細かいところで異なります。
>
> 　もし`ls -author`のようにハイフン1つで実行すれば、macOSでも（Linuxでも）エラーなく動作しますが、これは`--author`フラグ（オプション）とは意味が異なるため注意してください。macOSやLinuxのコマンドの多くには、「ハイフン1個のショートオプション」と「ハイフン2個のロングオプション」があります。たとえば`ls -a`と`ls --all`は同じ意味で、`-a`がショートオプション、`--all`がロングオプションです。また、ショートオプションはハイフン1つに複数のフラグを指定できます。たとえば、以下の3つのコマンドは同じ意味です。
>
> ```
> ls --all --time=use --sort=time
> ls -a -u -t
> ls -aut
> ```
>
> 　同様に、`ls -author`は6つのフラグを指定したコマンドで、`ls -a -u -t -h -o -r`と同じです。`ls --author`と似ていますが、動作は全く異なるため、注意してください。
>
> 　以下のウェブページにアクセスしてbashのコマンドを入力すると、そのコマンドの構造やフラグの意味を確認できます。
>
> ```
> https://explainshell.com/
> ```

隠しファイル

　OSや多くのプログラムは、たくさんの隠しファイルを保存しています。隠しファイルは普通のファイルと同じですが、デフォルトでは見えないようになっています。これは、ユーザーが間違えてファイルを消したり変更してしまい、そのファイルを参照するプログラムが正しく動作しなくなることを避けるためです。隠しファイルのファイル名は、たとえば`.hidden`のように`.`で始まります。隠しファイルを表示するには、`ls`コマンドの引数に`-a`フラグを指定します。

　`touch`コマンドは新しいファイルを作ります。ここでは、隠しファイル`.self_taught`を作ってみましょう。

第16章　Bash

```
1  # http://tinyurl.com/hfawo8t
2
3  $ touch .self_taught
```

　このファイルが見えるかどうか、ls と ls -a コマンドそれぞれで確認してみてください。

パイプ

　Unix系OSでは、**パイプ** と呼ばれる縦棒記号（｜）を使います。パイプを使うと、あるコマンドの実行結果を別のコマンドへの入力として渡せます。たとえば、ls コマンドの実行結果を less コマンドに渡してみましょう（空のディレクトリだと何も表示されないので、ファイルのあるディレクトリで試してください）。

```
1  # http://tinyurl.com/zjne9f5
2
3  $ ls | less
```

>> Applications …

　ls の実行結果として出力されたテキストが less プログラムに渡されて表示されました[訳注3]。lessを終了するには q キーを押します。

環境変数

　環境変数 は、OSに値を記録しておくための変数です。プログラムは、実行されている環境のコンピューター名や、OS名などを環境変数から取得して使えます。新しい環境変数を設定するには、Bashのコマンドラインで次のように書きます。
　export ［変数名］＝［変数の値］[訳注4]

....

[訳注3]　less は、テキスト・ファイルの内容を閲覧するためのコマンドです。
[訳注4]　＝ の前後に空白を入れると期待通りに動作しないので注意してください。

199

Bashで環境変数の値を参照するには、変数名の前にドル記号（$）を付けます。

```
1  # http://tinyurl.com/jjbc9v2
2
3  $ export x=100
4  $ echo $x
```

>> 100

このようにして作った環境変数は、Bashのウインドウの中でだけ使えます。このため、Bashのウインドウを一度終了して新しく起動し直した場合、echo $x と入力してもこの環境変数はもうなくなっているので、100 という値は表示されません。

設定した環境変数をずっと使いたいときは、Unix系OSであればホームディレクトリにある .profile というファイルを編集して環境変数を追加できます。テキストエディタでホームディレクトリにある .profile を編集します。ホームディレクトリのパスは、コマンドラインで echo ~ を実行すれば分かります。 .profile ファイルの先頭に export x=100 という行を追加して、ファイルを保存しましょう。そして、Bashを一度終了して再度開くと、環境変数 x が設定された状態で起動できたことが分かります。

```
1  # http://tinyurl.com/j5wjwdf
2
3  $ echo $x
```

>> 100

この環境変数は、.profile ファイルがある限りはなくなりません。そして、この環境変数が不要になったら .profile から削除してください。

ユーザー

複数のユーザーで1つのOSを使えます。ここでの **ユーザー** とは、OSを使う人のことです。各ユーザーはユーザー名とパスワードを持ち、OSにロ

200

グインするときにこのユーザー名とパスワードを使います。ユーザーにはそれぞれ、どんな操作を許可するのかといった**権限（パーミッション）**を設定できます。

OSでのユーザー名を表示するには whoami コマンドを実行してください（このコマンドは、Windows Subsystem for Linuxでは期待通りの結果になりません）。

```
1    $ whoami
```

```
>> coryalthoff
```

通常は、OSをインストールしたときに作ったユーザー名が表示されます。しかし、そのユーザーはOS内で一番強力なユーザーではありません。権限の一番高いユーザーは **rootユーザー** で、もっとも多くの権限（パーミッション）を持っています。どのシステムにもrootユーザーがいます。rootユーザーは、ほかのユーザーを追加や削除できます。

セキュリティ上の理由から、普段はrootユーザーとしてログインしてはいけません。rootユーザーとしてコマンドを実行しなければならないときだけ、sudo (superuser do) コマンドを使って実行してください。 sudo は、実行したいコマンドの前に書くことで、実行したいコマンドをrootユーザーとして実行できます。その都度、rootユーザーとしてシステムにログインし直す必要はありません。次の例は echo コマンドを sudo 付きで実行します。

```
1    $ sudo echo Hello, World!
```

```
>> Hello, World!
```

ログインユーザーにパスワードを設定していれば、sudo コマンドを実行したときにパスワードを聞かれます。 sudo を使うと、OSに損害を与えるようなコマンドも実行できてしまいます。このため、sudo の実行は、そのコマンドがOSに損害を与えないと確信があるときだけにしてください。

さらに学ぶ

本章では、Bashの基本だけを紹介しました。Bashについてもっと学びた

い場合は以下などを参照してください[訳注5]。

    https://www.theselftaughtprogrammer.io/bash

用語集

コマンドラインインターフェース：OSと対話するかのようにキーボードで
命令を入力して、プログラムを実行するプログラム

コマンドライン：コマンドラインインターフェースの別名

Bash：ほとんどのUnix系OSに用意されている、コマンドラインインター
フェースの一種。OSと対話するかのようにキーボードで命令を入力して、
プログラムを実行するプログラム

コマンドプロンプト：Windowsに入っているコマンドラインインターフェ
ース

ディレクトリ：コンピューターのフォルダのこと

作業ディレクトリ：今いる（作業中の）ディレクトリ

ルートディレクトリ：ツリー構造で表現されるディレクトリ構成の、最上位
のディレクトリ

パス：OSの中で、ファイルやディレクトリがどの場所にあるのかを表現す
る方法

絶対パス：ルートディレクトリを起点に、ファイルやディレクトリの場所を
表したもの

相対パス：現在の作業ディレクトリを起点に、ファイルやディレクトリの場
所を表したもの

パイプ：縦棒記号（｜）。Unix系OSでは、パイプを使ってコマンドの実行
結果を別のコマンドへの入力として渡せる

環境変数：OSやほかのプログラムから使える値を格納した変数

$PATH：コマンドをBashで実行するとき、環境変数 $PATH に設定されて
いるすべてのディレクトリを調べて、コマンドを探して実行する

ユーザー：OSを使う人

[訳注5] 日本語での参考文献には以下があります。
    http://itpro.nikkeibp.co.jp/article/COLUMN/20060711/242981/
    https://www.ibm.com/developerworks/jp/linux/library/l-bash.html

第 16 章　Bash

権限（パーミッション）：ユーザーが許可されているOS上での操作
rootユーザー：権限の一番高いユーザー。rootユーザーはもっとも多くの権限（パーミッション）を持つ

チャレンジ

1. Bashで Self-taught と出力しよう。
2. ホームディレクトリ以外のパスから、ホームディレクトリに現在の作業ディレクトリを移動しよう。パスは絶対パスと相対パスの両方で実行しよう。
3. 環境変数 $python_projects を作って、あなたがPythonのファイルを置いているディレクトリの絶対パスを設定しよう。環境変数を.profile ファイルに保存して、cd $python_projects コマンドでそのディレクトリに移動しよう。

解答：http://tinyurl.com/zdeyg8y

コラム2

　ルートディレクトリとroot（ルート）ユーザーは、どちらもルートですが直接的には関係がなく、それぞれ別の概念です。

　Unix系OSのファイルシステムでは、ファイル・ディレクトリ階層構造の一番上のディレクトリのことを ルートディレクトリと呼びます。ルートディレクトリはフォワードスラッシュ（/）で表され、ほかのすべてのファイルやディレクトリはルートディレクトリを起点として表現されます。ルートディレクトリを起点として、すべてのファイル・ディレクトリが木の幹のように広がって存在するため、根（ルート）と呼ばれています。

　このルートディレクトリとは異なる概念として、rootユーザーがあります。ルートユーザーは、スーパーユーザーとも呼ばれます。ルートユーザーのホームディレクトリは /root です。Unix系OSでは、/home ディレクトリの下に各ユーザー専用のホームディレクトリが作られ、そのユーザーに関連するファイルが置かれます。

PART 3

第17章

正規表現

口ではなんとでも言える。コードを見せなさい。
——Linus Torvalds（リーナス・トーバルズ）

　多くのプログラミング言語やOSでは、**正規表現** が使えます。正規表現とは、「連続した文字列の検索パターン定義」[注1] です。正規表現は、ファイル名やほかのデータの中から、複雑なパターンと一致するものを探すのに役立ちます。たとえば、ファイル内のすべての数値を取り出すのに正規表現を使えます。本章では、Unix系OSで使える grep コマンドに正規表現を指定して、定義したパターンに一致する文字列を複数のファイル内から検索します。また、Pythonで正規表現を扱う方法についても学びます。

準備

　最初に、zen.txt ファイルを作成してください。コマンドラインで、zen.txt ファイルを作りたいディレクトリに移動して、以下のコマンドを実行してください。

```
python3 -c "import this"
```

　このコマンドで、The Zen of Python というTim Peters（ティム・ピータース）の詩が表示されます[訳注1]。

The Zen of Python

Beautiful is better than ugly.

Explicit is better than implicit.

Simple is better than complex.

[注1]　　https://ja.wikipedia.org/wiki/正規表現
[訳注1]　The Zen of Pythonの日本語訳と解説は、以下から見られます。
　　　　　https://qiita.com/IshitaTakeshi/items/e4145921c8dbf7ba57ef

Complex is better than complicated.

Flat is better than nested.

Sparse is better than dense.

Readability counts.

Special cases aren't special enough to break the rules.

Although practicality beats purity.

Errors should never pass silently.

Unless explicitly silenced.

In the face of ambiguity, refuse the temptation to guess.

There should be one -- and preferably only one -- obvious way to do it.

Although that way may not be obvious at first unless you're Dutch.

Now is better than never.

Although never is often better than *right* now.

If the implementation is hard to explain, it's a bad idea.

If the implementation is easy to explain, it may be a good idea.

Namespaces are one honking great idea -- let's do more of those!

　このコマンドで使った -c フラグは、Python内で実行してほしいPython コードを引数で渡します。Pythonは渡されたコードを実行します。Python で import this を実行すると、The Zen of Python が表示されます（こ の詩のようにプログラムに隠されたメッセージは、**イースターエッグ** と呼 ばれます）。表示された The Zen of Python をコピーして、zen.txt フ ァイルに貼り付けて保存してください。

　Ubuntuのデフォルトでは、grep コマンドは一致した文字列を赤い色で 表示します。しかし、Unixでは色が付きません。macOSを使っている場合 は、色が付くかどうかの動作をBashの環境変数で変更できます。

```
1  # http://tinyurl.com/z9prphe
2
3  $ export GREP_OPTIONS='--color=always'
```

　Bashのコンソールで設定した環境変数は終了時に消えてしまうことを忘 れないでください。次にBashを起動したときにも有効にしておくには、 .profileファイルに設定してください。

シンプルな一致

grep コマンドは2つの引数を指定できます。1つ目は正規表現パターンで、もう1つはその正規表現で検索する対象のファイルパスです。もっとも簡単な正規表現のパターンは、シンプルマッチです。これは、正規表現パターンとして単語の文字列を指定して、同じ単語に一致させます。シンプルマッチの例を見てみましょう。 zen.txt を作成したディレクトリで次のコマンドを実行してください。

```
1   # http://tinyurl.com/jgh3x4c
2
3   $ grep Beautiful zen.txt
```

>> Beautiful is better than ugly.

このコマンドでは、最初の引数に Beautiful を指定しました。この文字列が正規表現です。そして、2つ目の引数にファイルパスとして zen.txt というファイル名そのものを指定しました。このファイルの中身を指定した正規表現で検索した結果が、Bashの出力に表示されます。Beautiful is better than ugly. の1行が表示され、Beautiful の部分が正規表現パターンに一致したので赤く表示されています。

この例で使った正規表現の部分を Beautiful から beautiful に変更して grep コマンドを実行すると、どの行にも一致しなくなります。

```
1   # http://tinyurl.com/j2z6t2r
2
3   $ grep beautiful zen.txt
```

大文字小文字の違いを無視したい場合は -i フラグを指定します。

```
1   # http://tinyurl.com/zchmrdq
2
3   $ grep -i beautiful zen.txt
```

>> Beautiful is better than ugly.

デフォルトでは、grep は一致した行の全体を出力します。この動作を変

第 17 章　正規表現

えるために -o フラグを指定すれば、一致した単語だけを出力できます。

```
1   # http://tinyurl.com/zfcdnmx
2
3   $ grep -o Beautiful zen.txt
```

>> Beautiful

　正規表現をPythonのプログラム内で使うには、標準ライブラリの re
（regular expression: 正規表現）を使います。 re モジュールには findall
関数があります。この関数に、正規表現パターンと検索対象のテキストを渡
すと、一致したすべての部分をリストで返します。

```
1   # http://tinyurl.com/z9q2286
2
3   import re
4
5   l = "Beautiful is better than ugly."
6   matches = re.findall("Beautiful", l)
7
8   print(matches)
```

>> ['Beautiful']

　この例では、findall 関数が見つけた部分（Beautiful）をリストで返
しています。
　大文字小文字の違いを無視して検索したい場合は、findall 関数の3つ目
の引数に re.IGNORECASE フラグを渡します。

```
1   # http://tinyurl.com/jzeonne
2
3   import re
4
5   l = "Beautiful is better than ugly."
6   matches = re.findall("beautiful", l, re.IGNORECASE)
7
8   print(matches)
```

>> ['Beautiful']

207

前方一致と後方一致

　正規表現では、特別な文字を使うことで、単に文字が一致するパターンだけでなく、複雑なパターンを探せます。たとえば、キャレット記号（＾）を使うと、行の先頭に一致する正規表現パターンを作れます。

```
1  # http://tinyurl.com/gleyzan
2
3  $ grep ^If zen.txt
```

\>> If the implementation is hard to explain, it's a bad idea.
\>> If the implementation is easy to explain, it may be a good idea.

　また、正規表現のピリオド（．）は、どんな文字にも一致します。検索パターンとして idea. のようにピリオドを含めると、aの次にどのような文字がきても一致します。

```
1  $ grep idea. zen.txt
```

\>> If the implementation is hard to explain, it's a bad idea.
\>> If the implementation is easy to explain, it may be a good idea.
\>> Namespaces are one honking great idea -- let's do more of those!

　この実行結果の3行目は、正規表現のピリオドが idea の直後にある空白文字に一致しています。
　そして、正規表現のドル記号（＄）を使うと、行の終端に一致するパターンを作れます。

```
1  # http://tinyurl.com/zkvpc2r
2
3  $ grep idea.$ zen.txt
```

\>> If the implementation is hard to explain, it's a bad idea.
\>> If the implementation is easy to explain, it may be a good idea.

　この例では、grep の実行結果に Namespaces are one honking great idea -- let's do more of those! は表示されていません。

第 17 章 正規表現

先ほど idea が一致して結果に表示されたのに今回表示されなかったのは、idea の位置が行の終端ではないからです。

次に、Python正規表現でキャレット記号（ ^ ）を使った例を試してみましょう。Pythonの正規表現では、複数行のテキストを複数行として扱うために re.MULTILINE フラグを findall 関数の第3引数に指定してください。

```
1  # http://tinyurl.com/zntqzc9
2
3  import re
4
5  zen = """Although never is
6  often better than
7  *right* now.
8  If the implementation
9  is hard to explain,
10 it's a bad idea.
11 If the implementation
12 is easy to explain,
13 it may be a good
14 idea. Namespaces
15 are one honking
16 great idea -- let's
17 do more of those!"""
18
19
20 m = re.findall("^If", zen, re.MULTILINE)
21 print(m)
```

>> ['If', 'If']

複数文字との一致

正規表現では、いくつかの文字に一致するパターンを作れます。そのためには、[abc] のように角カッコの中に、一致させたい文字を並べてください。[abc] というパターンは、a 、b 、c のどれか1文字に一致します。

次ページの例は、zen.txt を使わずに、検索対象文字列をパイプで grep に渡しています。

209

```
1   # http://tinyurl.com/jf9qzuz
2
3   $ echo Two too. | grep -i "t[ow]o"
```

>> Two too.

　echo コマンドで出力された文字列が grep コマンドに入力として渡され
ます。この場合、grep の引数にファイルパスを渡す必要はありません。実
行結果には Two と too が表示されました。これは、指定した正規表現パタ
ーンで期待しているのが、t で始まり、その次に o か w の文字がきて、次
に o がくることだからです。

　Pythonでは以下のように書きます。

```
1   # http://tinyurl.com/hg9sw3u
2
3   import re
4
5   string = "Two too."
6   m = re.findall("t[ow]o", string, re.IGNORECASE)
7   print(m)
```

>> ['Two', 'too']

数値との一致

　数値と一致させる正規表現は [[:digit:]] です。

```
1   # http://tinyurl.com/gm8o6gb
2
3   $ echo 123 hi 34 hello. | grep "[[:digit:]]"
```

>> 123 hi 34 hello.

　Pythonでは \d を使います。

第 17 章　正規表現

```
1   # http://tinyurl.com/z3hr4q8
2
3   import re
4
5   line = "123 hi 34 hello."
6   m = re.findall("\d", line, re.IGNORECASE)
7   print(m)
```

>> ['1', '2', '3', '3', '4']

繰り返し

　アスタリスク記号（＊）は、正規表現パターンが繰り返されます。アスタリスクを使うと、「直前のパターンが0回以上一致」[注2]します。たとえば、tw という文字の後に0回以上の o が続く文字列に一致するパターンは次の例のようになります。

```
1   # http://tinyurl.com/j8vbwq8
2
3   $ echo two twoo not too. | grep -o "two*"
```

>> two

>> twoo

　正規表現では、ピリオド（ . ）はどんな文字にも一致します。ピリオドとアスタリスクを .＊ のように組み合わせると、0文字以上の文字の繰り返しに一致、つまり、どんな文字列にも一致します。

```
1   # http://tinyurl.com/h5x6cal
2
3   $ echo __hello__there | grep -o "__.*__"
```

>> __hello__

....

[注2]　http://tldp.org/LDP/Bash-Beginners-Guide/html/sect_04_01.html

211

正規表現パターン __.*__ は2つのアンダースコアに挟まれた文字列に一致します。このアスタリスクは **貪欲** なので、できるだけ長い文字列に一致します。たとえば、2つのアンダースコアが何回か登場する文字列に、先ほどの正規表現で検索してみると、最初のアンダースコアから最後のアンダースコアまでの文字列が一致します。

```
1   # http://tinyurl.com/j9v9t24
2
3   $ echo __hi__bye__hi__there | grep -o "__.*__"
```

>> __hi__bye__hi__

　このような貪欲な一致は、常にしてほしいわけではありません。そこで、アスタリスク記号の直後にクエスチョン記号を置く（*?）、**非貪欲** な正規表現という書き方があります。非貪欲な正規表現は、できるだけ少ない文字列に一致します。先ほどの例では、最初の2つのアンダースコアと最後の2つのアンダースコアで一致するのではなく、2つのアンダースコアが見つかり次第、そこで検索が終了します。grepには非貪欲な正規表現がありませんが、Pythonでは利用できます。

```
1   # http://tinyurl.com/j399sq9
2
3   import re
4
5   t = "__one__ __two__ __three__"
6   found = re.findall("__.*?__", t)
7   for match in found:
8       print(match)
```

>> __one__
>> __two__
>> __three__

　非貪欲な正規表現を使って、Mad Libsゲームを作ってみましょう。Mad Libsは、いくつかの単語が抜けている文書を表示し、プレーヤーに抜けている単語を入力してもらうものです。

212

第 17 章　正規表現

```
1    # http://tinyurl.com/ze6oyua
2
3    import re
4    text = """キリンは大昔から __複数名詞__ の興味の対象でした。キ
5    リンは __複数名詞__ の中で一番背が高いですが、科学者たちはそのよ
6    うな長い __体の一部__ をどうやって獲得したのか説明できません。キ
7    リンの身長は __数値__ __単位__ 近くあり、その高さのほとんどは脚
     と __体の一部__ によるものです。
8    """
9
10   def mad_libs(mls):
11       """
12       :param mls: 文字列で、ユーザーに入力してもらいたい単語(=
13   ヒント)の部分は後を2つのアンダースコアで挟んで下さい。ヒントの単
     語にはアンダースコアを含めないで下さい。 __hint_hint__ はだめで
     す。 __hint__ はOKです。
14       """
15       hints = re.findall("__.*?__", mls)
16       if hints is not None:
17           for word in hints:
18               q = "{} を入力:".format(word)
19               new = input(q)
20               mls = mls.replace(word, new, 1)
21           print('\n')
22           mls = mls.replace("\n", "")
23           print(mls)
24       else:
25           print("引数mlsが無効です")

     mad_libs(text)
```

>> __複数名詞__ を入力:

この例では、re.findall 関数を使って変数 text に含まれているアン
ダースコア2つに挟まれた単語をすべて取得しています。これらの単語はル
ープ処理で順番にプレーヤーへの質問として使われ、入力された単語で元の
分を置き換えていきます。ループが最後まで終了したら、完成した文字列を
出力します。

213

エスケープ

正規表現では、特別な文字をエスケープして本来の文字に一致させたい場合、その文字の前にバックスラッシュ（＼）を付けます。

```
1    # http://tinyurl.com/zkbumfj
2
3    $ echo I love $ | grep \\$
```

>> I love $

通常、ドル記号は文字列の終端に一致しますが、この例のようにバックスラッシュでエスケープすると、ドル記号そのものに一致します。

Pythonでは以下のように書きます。

```
1    # http://tinyurl.com/zy7pr4l
2
3    import re
4
5    line = "I love $"
6    m = re.findall("\\$", line, re.IGNORECASE)
7    print(m)
```

>> ['$']

正規表現ツール

期待通りの正規表現を手に入れるまでの作業は、イライラします。次に示すリンク先では、完璧な正規表現を作るための方法をいくつか紹介しています[訳注2][訳注3]。

https://www.theselftaughtprogrammer.io/regex

[訳注2] 日本語でのPythonにおける正規表現操作については以下が参考になるでしょう。
https://docs.python.org/ja/3/library/re.html
[訳注3] 正規表現のマッチ状態をビジュアルで調べられるサイト（Debuggex）もあります。
https://www.debuggex.com/r/Q0oEl-okC5m5Pzz1

第 17 章　正規表現

用語集

正規表現：「連続した文字列の検索パターン定義」（注1参照）

イースターエッグ：コードに隠されたメッセージ

貪欲：できるだけ長い文字列に一致する正規表現

非貪欲：できるだけ少ない文字列に一致する正規表現

チャレンジ

1. grepを使って、The Zen of Python の文中にある "Dutch" という単語に一致する正規表現を書こう。
2. grepを使って、文字列 "Arizona 479, 501, 870. California 209, 213, 650." にある、数字の部分すべてに一致する正規表現を書こう。
3. Pythonの re モジュールを使って、何かの文字の後に o が2回登場する単語に一致する正規表現を書こう。そして、"The ghost that says boo haunts the loo" の文中にある boo や loo に一致するか試そう。

解答：http://tinyurl.com/jmlkvxm

215

PART 3

第18章

パッケージ管理

プログラマーというのは作家だ。　　——**Sercan Leylek**（セルカン・レィレキ）

　パッケージ管理ツールは、プログラムのインストールや管理を行うプログラムです。新しいソフトウェアを作るためには、ほかのプログラムをよく利用するので、こういったツールがあると便利です。たとえば、ウェブ開発者は**ウェブフレームワーク**をよく利用します。ウェブフレームワークはウェブサイト開発の役に立ちます。プログラマーはパッケージ管理ツールを使ってウェブフレームワークやその他のプログラムをインストールします

　本章では、パッケージ管理ツール**pip**の使い方を学びます。

パッケージ

　パッケージというのは、配布用に「梱包された」ソフトウェアです。その中には、プログラムファイルや**メタデータ**が含まれます。メタデータとは、ソフトウェアの名前やバージョン、プログラムが動作するのに必要なほかのパッケージへの**依存関係**といった情報です。パッケージ管理ツールを使うことで、パッケージをダウンロードして、そのコンピューター上で動作するようにインストールできます。このときにパッケージ管理ツールは、そのパッケージの動作に必要なその他のパッケージも、依存関係に基づいてダウンロードしてインストールします。

pip

　本節では、Pythonのパッケージ管理ツールである**pip**を使って、Pythonのパッケージをインストールする方法を紹介します。pipを使ってパッケージをインストールすれば、Pythonプログラムからモジュールをインポートして使えます。

216

第18章　パッケージ管理

まず、pipがインストールされているかを確認するために、コマンドライ
ンを起動して、pip と入力して実行してください[訳注1]。

```
1   # http://tinyurl.com/hmookdf
2
3   $ pip
```

>> Usage: pip <command> [options]
Commands:
install Install packages.
download Download packages.
...

　コマンドを実行すると、コマンドの引数一覧が表示されます。最近の
Pythonをインストールしている場合、pipはPythonと一緒にインストール
されています。しかし、ちょっと前のPythonではインストールされません
でした。そのため、pipコマンドを実行して先ほどの例のように表示されな
い場合は、インストールされていないでしょう。 次のサイトを見て、pipの
インストール方法を確認してください[訳注2]。
　https://pip.pypa.io/en/stable/installing/#do-i-need-to-
install-pip

　新しくパッケージをインストールするには以下を実行します。
　pip install [パッケージ名]
　pipはパッケージのインストール先として、Pythonの**site-packages** ディ
レクトリを使います。インストールできるパッケージは**PyPI** (https://
pypi.python.org/pypi) にすべて登録されています。
　パッケージをインストールするときに、名前の指定方法が2つあります。
1つは、パッケージ名だけ指定する方法で、最新バージョンがインストール
されます。もう1つは、パッケージ名の直後にイコール記号（==）とバー

[訳注1]　macOSとLinuxでは pip3 、Windowsでは pip と入力してください。コマンドが実行例
　　　　通りに動作しない場合は、後述のインストール手順を確認してください。
[訳注2]　日本語での環境別インストール手順は以下を参照してください。
　　　　https://docs.python.org/ja/3/library/venv.html

217

ジョン番号を続けて指定する方法です。バージョン番号を指定すると、最新版ではなく、指定したバージョンのパッケージがインストールされます。

それでは、ウェブフレームワークの1つ Flask をインストールしてみましょう。まず、UbuntuやmacOSにインストールする手順です[訳注3]。

```
1    # http://tinyurl.com/hchso7u
2
3    $ sudo pip install Flask==0.11.1
```

>> Password:
>> Successfully installed Flask-0.11.1

Windowsでは、コマンドラインを管理者権限で起動する必要があります。コマンドプロンプトのアイコンを右クリックして、「管理者として実行」を選択してください。

そして、コマンドプロンプトで以下のコマンドを実行します。

```
1    # http://tinyurl.com/hyxm3vt
2
3    $ pip install Flask==0.11.1
```

>> Successfully installed Flask-0.11.1

これで、pipがコンピューターの site-packages フォルダに Flask モジュールをインストールしました。

それでは、Pythonファイルを作成して、Flask モジュールをインポートするコードを書いてみましょう。次のコードを書き写して、実行してください。

```
1    # http://tinyurl.com/h59sdyu
2
3    from flask import Flask
4
5    app = Flask(__name__)
6
```

....

[訳注3]　最新版をインストールする場合は、バージョン番号指定なしで sudo pip install Flask のように実行します。大抵の場合、最新版を使用した方が良いでしょう。

218

```
 7
 8  @app.route('/')
 9  def index():
10      return "Hello, World!"
11
12
13  app.run(port=8000)
```

>> * Running on http://127.0.0.1:8000/ (Press CTRL+C to quit)

このように http://127.0.0.1:8000/ という表示がでたら、このURLをウェブブラウザに入力してページを開いてください。ウェブブラウザに Hello, World! と表示されれば成功です。

Flask モジュールはウェブサーバーのプログラムを書く手伝いをしてくれるので、ウェブサイトをすばやく作成できます。より詳しく学ぶには以下を読んでみてください。

http://flask.pocoo.org/docs/0.11/tutorial

コンピューターにインストールしたパッケージの一覧は pip freeze コマンドで表示できます。

```
1  # http://tinyurl.com/zxgcqeh
2
3  $ pip freeze
```

>> Flask==0.11.1
...

最後に、パッケージのアンインストール（削除）方法を説明します。アンインストールするには、以下のように実行します。

pip uninstall [パッケージ名]

Flaskをアンインストールするには次のように実行します。

```
1    # http://tinyurl.com/ht8mleo
2
3    $ pip uninstall Flask
```

```
>> Proceed (y/n)? y
...
```

これでFlaskはアンインストールされました。 `pip freeze` コマンドを
実行して確認してみましょう。

仮想環境

いずれ、Pythonのパッケージを site-packages に全部インストールする
のではなく、**仮想環境** にインストールしたくなる日がきます。仮想環境を
使うと、仮想環境ごとに別々のPythonパッケージをインストールできるよ
うになり、複数のプロジェクトを分離できます。仮想環境についてより詳し
く学ぶには以下を参照してください[訳注4]。

```
http://docs.python-guide.org/en/latest/dev/virtualenvs
```

用語集

パッケージ管理ツール：プログラムのインストールや管理を行うプログラム

ウェブフレームワーク：ウェブサイト開発を支援するプログラム

パッケージ：配布用に「梱包された」ソフトウェア

メタデータ：当該データに関する情報

依存情報：当該プログラムが動作するのに必要なその他プログラムの情報

pip：Pythonのパッケージ管理ツール

site-packages：pipでパッケージがインストールされるフォルダ

PyPI：Pythonのパッケージを配布しているウェブサイト

仮想環境：仮想環境ごとに別々のPythonパッケージをインストールできる

[訳注4]　日本語の情報は以下を参照してください。
　　　　 http://docs.python.org/ja/3/library/venv.html

第18章　パッケージ管理

ので、複数のプロジェクトを分離できる

チャレンジ

1. PyPI (`https://pypi.python.org`) でパッケージを探して、pipでインストールしてみよう。

解答：`http://tinyurl.com/h96qbw2`

PART 3

第**19**章

バージョン管理

コンピューターができることはしたくない。

——Olin Shivers（オリン・シーバーズ）

　ソフトウェアを作ることは、チーム競技です。ほかの人と1つのプロジェクトを進めるとき、**コードベース**を変更できるようにしておくことが不可欠です。コードベースとは、ソフトウェアのためのフォルダやファイルの集まりで、ほかの人の変更を全員で共有するものです。電子メールを使って、コードを変更するたびにチーム全員に変更個所を送ったり、送られてきた変更個所を手元のコードに取り込んだりもできますが、とてもやってられないでしょう。

　また、そのような方法をとった場合、コードの同じ部分を複数の人が変更してしまったらどうしますか? 誰の変更を使えばいいか、どうやって選びますか? こういった問題を解決するのが、**バージョン管理システム**（VCS: Version Control System）です。バージョン管理システムというプログラム（ツール）は、複数のプログラマーがプロジェクト内で相互にコードを共有するのを楽にしてくれます。

　Gitと**SVN**は、どちらも人気のあるバージョン管理システムです。通常、バージョン管理システムで管理したコードはクラウドに保存します。本章では、Gitを使ってコードをバージョン管理し、**GitHub**というウェブサービスにコードを保存する方法を説明します（コラム1参照）。

コラム1

　SVN（Subversion）は、2000年に登場し、その後10年でそれまでのバージョン管理システムのかなりのシェアを置き換えた人気ツールです。大規模プロジェクトで必要とされる多くの機能を提供しており、今でもSVNで管理されているプロジェクトは数多くあるでしょう。GitはLinuxカーネル開発のために作られ、2005年に公開されました。オープンソース開発での

使いやすさが特徴で、難しい操作を簡単に行える反面、誰にでも簡単に使えるツールではないこともあり、それほど広く使われてはいませんでした。その後、2008年にGitのウェブサービスGitHubが登場したことでSVNからGitへの移行が徐々に進み、2014年頃にシェアが逆転しました。それ以降、人気のトップを維持しています。

　Gitがすべての面でSVNより優れているわけではありませんが、分散バージョン管理（Distributed Version Control System）というメリットがあります。

　GitのようなDVCSは、ネットにつながっていなくてもコミットできます。PushやPullで中央リポジトリ等のリモートリポジトリと同期するまでほかの人とコードの変更が共有されません。

　SVNのようなVCSは、ネットにつながってないとコミット自体ができません。コミットと中央リポジトリとの同期が同じ意味を持ちます。

リポジトリ

　リポジトリは、Gitのようなバージョン管理システムによって作られるデータの構造です。リポジトリにはコードの変更個所（変更差分）が記録されます。　**データ構造**はさまざまな情報を整理して保存しておくものです。たとえば、前の章で登場したリストや辞書もデータ構造です（データ構造について詳しくは第4部で紹介します）。リポジトリを見ると、そこにはディレクトリやファイルが置いてあります。Gitを使うことにより、コードの変更を記録しているデータ構造にアクセスできます。

　Gitでコードを管理しているプロジェクトでは、複数のリポジトリを使っている場合があります（大抵は、1つのリポジトリをプロジェクトの全員で使います）。通常、プロジェクトに参加するメンバー全員が、それぞれのコンピューター上に**ローカルリポジトリ**を持ちます。ローカルリポジトリは、プロジェクトにおけるすべての変更差分の記録を持っています。これに対して、**中央リポジトリ**はGitHubのようなウェブサイトで提供され、すべてのローカルリポジトリはこの中央リポジトリと同期しています（どのリポジトリもそれぞれ独立しています）。

　プログラマーは手元のローカルリポジトリにコードの変更差分を記録して、

それを中央リポジトリに同期します。ほかのプログラマーが変更した差分は、中央リポジトリからローカルリポジトリに送られて同期されます。複数のプログラマーと共同で開発する場合、次の図のように同期されます。

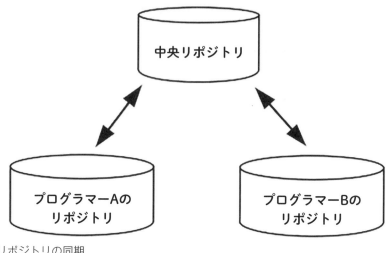

リポジトリの同期

　GitHubのサイトで、新しく中央リポジトリを作ることができます。中央リポジトリを作ったら、そのリポジトリと関連付けるローカルリポジトリをGitで作りましょう。

はじめよう

　それでは、GitHubを使ったバージョン管理を始めましょう[注1]。

　まず、GitHubのサイト（https://github.com/join）でアカウントを作ってください。そして、GitHubで新しいリポジトリを作るために、作成したGitHubアカウントでログインしてください。ログインしたら、右上の＋ボタンをクリックして、ドロップダウンメニューから「New repository」を選びます。リポジトリ名に「hangman」と入力します。

[注1] GitHubがサイトのデザインを変更したら、本節の紹介も変更が必要です。その場合は、新しい内容を以下で紹介します。
　　　https://www.theselftaughtprogrammer.io/git

「Public」を選択して、「Initialize the repository with a README」のチェックボックスにチェックを入れたら、「Create repository」をクリックしてください。

GitHubで、右上のボタンをクリックして、「Your profile」を選択してください。

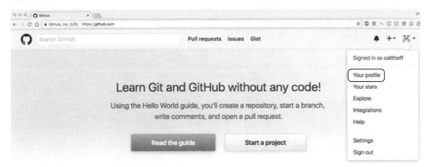

「Your profile」を選択する

リポジトリ名「hangman」が表示されたら、クリックしてください。このウェブサイトでは、この部分があなたの中央リポジトリです。「Clone or download」というボタンを探してクリックすると、リンク先のURLが表示されるので、このリンクをコピーしておきます。

ここから先を進める前に、Gitのインストールが必要です。詳しくは以下のリンク先を参照してください[訳注1]。

https://www.git-scm.com/book/en/v2/Getting-Started-Installing-Git

Gitのインストールが終わったら、コマンドラインで git と入力して実行してみてください。

```
1  # http://tinyurl.com/gs9d5hf
2
3  $ git
```

\>> usage: git [--version] [--help] [-C <path>] [-c name=value] ...

[訳注1] 日本語では以下のサイトを参照してください。
https://www.git-scm.com/book/ja/v2/使い始める-Gitのインストール

この例のように出力されれば、Gitはきちんとインストールされています。

次に、先ほどコピーしておいたリンクを使って、中央リポジトリをローカルリポジトリに同期します。 以下のコマンドを実行すると、コマンドを実行したディレクトリにリポジトリがダウンロードされます。

git clone [リポジトリURL]

実際に、リンクをコピーして、コピーした文字列を git clone に続けて入力しましょう。

```
1   # http://tinyurl.com/hvmq98m
2
3   $ git clone [リポジトリURL]
```

>> Cloning into 'hangman'...
remote: Counting objects: 3, done.
remote: Total 3 (delta 0), reused 0 (delta 0), pack-reused 0 Unpacking objects: 100% (3/3), done.
Checking connectivity... done.

ls コマンドでローカルリポジトリができたかを確認しましょう。

```
1   # http://tinyurl.com/gp4o9qv
2
3   $ ls
```

>> hangman

hangmanというディレクトリができていると思います。このディレクトリがローカルリポジトリです。

プッシュとプル

Gitでできることのうち、主な2つを紹介します。1つ目は、ローカルリポジトリの内容を中央リポジトリに同期させる方法です。これを**プッシュ**と言います。もう1つは中央リポジトリに記録された新しい差分をローカルリポジトリに同期させる方法です。これを**プル**と言います。

226

第19章　バージョン管理

　コマンド git remote -v を実行すると、ローカルリポジトリがプッシュやプルする相手となる、中央リポジトリのURLが表示されます（ -v は多くの情報を出力するという意味のverboseの略語でコンピューターの世界ではよく使われるフラグです）。次の例のように、hangman ディレクトリに移動してコマンドを実行してみましょう。

```
1  # http://tinyurl.com/jscq6pj
2
3  $ cd hangman
4  $ git remote -v
```

>> origin [your_url]/hangman.git (fetch)
>> origin [your_url]/hangman.git (push)

　2行出力されると思います。最初の行は、データをプルする中央リポジトリのURLです。続く行は、データをプッシュする中央リポジトリのURLです。通常、プッシュとプルの相手は同じ中央リポジトリなので、表示されるURLは2行とも同じになります。

プッシュしてみよう

　本節では、手元のコンピューターにcloneしてきたhangmanのローカルリポジトリを変更して、変更内容をGitHubの中央リポジトリにプッシュします。

　hangman ディレクトリに、第1部の最後に作成したPythonコードを移動させてください。ローカルリポジトリに1つのファイルが置かれた状態です。まだ、中央リポジトリには同期されていません。それでは、これからローカルリポジトリの変更を中央リポジトリにプッシュします。

　中央リポジトリにプッシュするには3つの手順を行います。まず、同期したいファイルを **ステージ** 状態にします。ステージ状態にするというのは、最終的に中央リポジトリにプッシュしたい変更がどれなのかをGitに教えることです。

　git status コマンドで、現在のローカルリポジトリの状態を表示できます。これを見て、どのファイルをステージ状態にするか選びましょう。

227

git status コマンドは、ローカルリポジトリに記録された状態と現状との差異を表示します。ステージ状態にないファイルは赤い文字で表示されます。ファイルをステージ状態にすると、緑の文字で表示されます。現在の作業ディレクトリが hangman ディレクトリなことを確認して、git status コマンドを実行してみましょう。

```
1   # http://tinyurl.com/jvcr59w
2
3   $ git status
```

\>> On branch master
Your branch is up-to-date with 'origin/master'.
Untracked files: (use "git add <file>..." to include in what will be committed)

hangman.py　←赤色で表示される

　hangman.py が赤字で表示されます。ファイルをステージ状態にするには、以下を実行します。
　git add [ファイルパス]

```
1   # http://tinyurl.com/hncnyz9
2
3   $ git add hangman.py
```

　もう一度、git status コマンドを実行して、ファイルがステージ状態になったか確認しましょう。

```
1   # http://tinyurl.com/jeuug7j
2
3   $ git status
```

\>> On branch master
Your branch is up-to-date with 'origin/master'.
Changes to be committed: (use "git reset HEAD <file>..." to unstage)

new file: hangman.py ←緑色で表示される

　hangman.py がステージ状態になり、ファイル名が緑色になったはずで
す。
　ファイルをステージ状態にしたあとで、ステージ状態を取り消したい場合、
以下を実行します。
　git reset [ファイルパス]
　hangman.py のステージ状態を取り消すには次のように実行します。

```
1   # http://tinyurl.com/hh6xxvw
2
3   $ git reset hangman.py
```

　期待通りにステージ状態が取り消されたか、git status で確認します。
次のように表示されるはずです。
>> On branch master
Your branch is up-to-date with 'origin/master'.
Untracked files: (use "git add <file>..." to include in
what will be committed)

hangman.py ←赤色で表示される

　改めて、ステージ状態にします。

```
1   # http://tinyurl.com/gowe7hp
2
3   $ git add hangman.py
4   $ git status
```

>> On branch master
Your branch is up-to-date with 'origin/master'.
Changes to be committed: (use "git reset HEAD <file>..."
to unstage)

new file: hangman.py ←緑色で表示される

229

ファイルをステージ状態にしたら、次はこれをコミットします。**コミットする**というのは、ステージ状態の変更差分をローカルリポジトリに保存することです。ステージ状態のファイルをコミットするコマンドを次に示します。

git commit -m [コミットメッセージ]

このコマンドは**コミット**という単位でGitリポジトリに記録されます。 -m フラグはコミットに説明文（コミットメッセージ）を付けます。説明文があれば、そのコミットが何のための変更なのか忘れずに済みます。

```
1    # http://tinyurl.com/gmn92p6
2
3    $ git commit -m "my first commit"
```

>> 1 file changed, 1 insertion(+)

create mode 100644 hangman.py

ファイルをコミットしたら、最後のステップに進みましょう。コミットした変更を中央リポジトリにプッシュするには、git push origin master コマンドを実行します。

```
1    # http://tinyurl.com/hy98yq9
2
3    $ git push origin master
```

>> Counting objects: 3, done.

Delta compression using up to 4 threads.

Compressing objects: 100% (2/2), done.

Writing objects: 100% (3/3), 306 bytes | 0 bytes/s, done.

Total 3 (delta 0), reused 0 (delta 0)

To https://github.com/coryalthoff/hangman.git

   f5d44da..b0dab51 master -> master

コマンドラインでユーザー名とパスワードを入力したら、gitプログラムが変更差分をGitHubにプッシュします。GitHubのサイトを開いて、確認しましょう。 hangman.py が表示されて、コミットメッセージも表示され

230

ているでしょう。

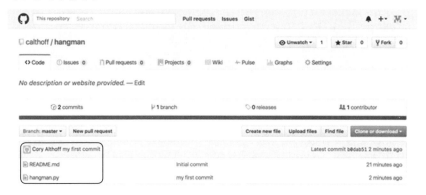

プルしてみよう

本節では、中央リポジトリからプルしてローカルリポジトリを更新してみましょう。これは、ほかのプログラマーが行った変更を中央リポジトリからローカルリポジトリに送って反映するために行います。

準備として、中央リポジトリに新しいファイルを作成します。GitHubサイトの「Create new file」ボタンを押して、new.py という名前を入力して「Commit new file」ボタンを押してください。このファイルは、中央リポジトリとローカルリポジトリを同期するまで、ローカルリポジトリにはありません。ローカルリポジトリにこの変更を取り込むには、以下のコマンドを実行します。

git pull origin master

```
1  # http://tinyurl.com/gqf2xue
2
3  $ git pull origin master
```

\>> remote: Counting objects: 3, done.
remote: Compressing objects: 100% (2/2), done.
remote: Total 3 (delta 0), reused 0 (delta 0), pack-reused 0
Unpacking objects: 100% (3/3), done.
From https://github.com/coryalthoff/hangman
   b0dab51..8e032f5 master -> origin/master

```
Updating b0dab51..8e032f5
Fast-forward
 new.py | 1 +
 1 file changed, 1 insertion(+)
 create mode 100644 new.py
```

Gitは、中央リポジトリの変更をローカルリポジトリに反映しました。中央リポジトリで作成した new.py ファイルがローカルリポジトリに取り込まれたはずです。確認してみましょう。

```
1  $ ls
```

>> README.md hangman.py new.py

前のバージョンに戻す

Gitはコミットをすべて記録しています。Gitを使えば、以前コミットした差分を元に戻せます。つまり、以前のコードに戻せるのです。たとえば、先週コミットした時点にコードを戻したいとします。すべてのフォルダとファイルをその時点の状態に戻すこともできますし、それから最新のコミット時点まで状態を進めることもできます。どのコミットにも**コミット番号**（一意なID文字列）が付いていて、Gitはこのコミット番号で各コミットを判別します。

リポジトリの履歴を表示してコミット番号を見るには git log コマンドを実行します。

```
1  # http://tinyurl.com/h2m7ahs
2
3  $ git log
```

>> commit 8e032f54d383e5b7fc640a3686067ca14fa8b43f
Author: Cory Althoff <coryedwardalthoff@gmail.com>
Date: Thu Dec 8 16:20:03 2016 -0800

```
    Create new.py

commit b0dab51849965144d78de21002464dc0f9297fdc
Author: Cory Althoff <coryalthoff@Corys-MacBook-Pro.local>
Date: Thu Dec 8 16:12:10 2016 -0800

    my first commit

commit f5d44dab1418191f6c2bbfd4a2b2fcf74ef5a68f
Author: Cory Althoff <coryedwardalthoff@gmail.com>
Date: Thu Dec 8 15:53:25 2016 -0800

    Initial commit
```

　この例では3つのコミットが表示されました。最初のコミットは、中央リポジトリを作成したときのものです。2つ目のコミットは、hangman.py ファイルをコミットしたときです。3つ目は、new.py を作成したときです。どのコミットにもコミット番号が付いています。コードの状態をあるコミットの時点に変更するには、このコミット番号を指定して git checkout コマンドを実行します。この例では、最初のコミットの状態にコードを戻したければ、次のコマンドを実行すれば良いでしょう。

```
git checkout f5d44dab1418191f6c2bbfd4a2b2fcf74ef5a68f
```

差分

　git diff コマンドは、ファイルの状態とローカルリポジトリとの差分を表示します。新しいファイル hello_world.py を作成して内容に print("Hello, World!") と書いてください。

　そして、ファイルをステージ状態にしてください。

```
1  # http://tinyurl.com/h6msygd
2
3  $ git add hello_world.py
```

作成できたことを確認しましょう。

```
1   # http://tinyurl.com/zg4d8vd
2
3   $ git status
```

>> Changes to be committed:
(use "git reset HEAD <file>..." to unstage)

     new file: hello_world.py

それでは、コミットしましょう。

```
1   # http://tinyurl.com/ztcm8zs
2
3   $ git commit -m "adding new file"
```

>> 1 file changed, 1 insertion(+)
create mode 100644 hello_world.py

　次に、ローカルの hello_world.py の2行目に print("Hello!") を
追加してください。このファイルはリポジトリに記録された状態とは異なっ
ています。 git diff コマンドを実行して差分を見てみましょう。

```
1   # http://tinyurl.com/znvj9r8
2
3   $ git diff hello_world.py
```

>> diff --git a/hello_world.py b/hello_world.py
index b376c99..83f9007 100644
--- a/hello_world.py
+++ b/hello_world.py
@@ -1 +1,2 @@

 print("Print, Hello World!")
+print("Hello!") ←緑色で表示される

234

第19章　バージョン管理

　Gitが print("Hello!") を緑色の文字でハイライト表示しているはず
です。これは、その行が新しく追加された行だからです（コラム2参照）。
行の先頭に付いているプラス記号（＋）は、追加された行だという意味で
す。行を削除すればマイナス記号（－）が表示されます。

次のステップ

　本章では、よく使われるGitの機能を紹介しました。基本をマスターした
ら、ブランチやマージといった、もっと進んだGitの機能を使いこなすため
にいろいろと練習することをお勧めします。以下が参照になります[訳注2]。

```
https://www.theselftaughtprogrammer.io/git
```

コラム2

　1行の中の1文字でも書き換えた場合、1行削除と1行追加として扱われま
す。たとえば、H の文字を小文字に変更して git diff を実行すると、変
更前の内容に － を付けて表示し、変更後の内容に ＋ を付けて表示します。
以下が実行例です。

```
1    $ git diff hello_world.py
```

```
>> diff --git a/hello_world.py b/hello_world.py
index b376c99..83f9007 100644
--- a/hello_world.py
+++ b/hello_world.py
@@ -1,2 +1,2 @@

-print("Print. Hello World!")
+print("Print. hello World!")
 print("Hello!")
```

[訳注2]　日本語では以下のオンラインコースが役立つでしょう。
　　　　　https://udemy.com/intro_git
　　　　　日本語でGitの操作を学べるサイト（Learn Git Branching）もあります。
　　　　　https://learngitbranching.js.org/

235

用語集

コードベース：ソフトウェアのためのフォルダやファイルの集まり

バージョン管理システム：複数のプログラマーによるプロジェクト内でのコード共有を支援してくれるプログラム（ツール）。VCS（Version Control System）

Git：人気のバージョン管理システム

SVN：人気のバージョン管理システム。Subversion

GitHub：コードをクラウドに保存できるウェブサイト

リポジトリ：Gitのようなバージョン管理システムによって作られるデータの構造で、コードの変更差分が記録される

データ構造：さまざまな情報を整理して保存しておくもので、リストや辞書もデータ構造の1つ

ローカルリポジトリ：自分のコンピューターにあるリポジトリ

中央リポジトリ：GitHubのようなウェブサイトで提供され、すべてのローカルリポジトリが同期されるリポジトリ

プッシュ：中央リポジトリにローカルリポジトリの内容を同期させる方法

プル：ローカルリポジトリに中央リポジトリの内容を同期させる方法

ステージ：最終的に中央リポジトリにプッシュするために、コミットしたい変更がどれなのかをGitに教えること

コミットする：ステージ状態の変更差分をローカルリポジトリに保存すること

コミット：Gitリポジトリに記録される単位

コミット番号：一意なID文字列で、各コミットの判別に使われる

チャレンジ

1. GitHubに新しいリポジトリを作りましょう。そして、これまでにチャレンジで作成したすべてのPythonファイルをリポジトリにコミットして、作った中央リポジトリにプッシュしよう。

メモ欄

PART 3

第**20**章

知識を1つにまとめる

神話と伝説の魔法は我々の時代に現実のものとなる。呪文を正しくキーボードに入力すれば、ディスプレイに命が宿り、これまでに見たこともないものが示されるのだ。

——Frederick Brooks（フレデリック・ブルックス）

　本章では、**ウェブスクレイパー**の開発を行ってプログラミングの強力さを体験しましょう。ウェブスクレイパーは、ウェブサイトのページを取得して欲しい情報を収集・分析・抽出する（スクレイピングする）プログラムです。ウェブスクレイパーを作れば、世の中にある膨大な量の情報を収集できるようになります。ウェブスクレイパーの強力さと、そのプログラミングの簡単さが、私をプログラミングに夢中にさせました。皆さんにも同じ効果があることを期待しています。

HTML

　ウェブスクレイパーの開発に取りかかる前に、**HTML** について少し知っておきましょう。HTMLは HyperText Markup Languageの略で、CSSやJavaScriptと同様に、プログラマーがウェブサイトを構築する際の基本的技術の1つです。HTMLはウェブサイトの構造を決める言語です（コラム1参照）。

　HTMLは複数のタグでウェブページのレイアウトを決め、そのタグをウェブブラウザが読み取ります。HTMLがあれば、ウェブサイトを一通り作成できます。とはいえ、その見た目はあまり良くなく、操作に応じて画面が動いたりもしません。なぜなら、見た目はCSSで整え、動きはJavaScriptで制御するからです。それでも、ウェブサイトはウェブサイトです。

コラム1

　文字で文字を装飾することをMarkup（マークアップ）と呼び、そのための言語であるマークアップ言語ごとに装飾方法が異なります。

　HTMLはこのマークアップ言語の1つです。たとえば、文字の一部を太字にして強調するには以下のようにタグで装飾します。

`<strong>文字列</strong>`

　次のHTMLは、画面に Hello, World!と表示するウェブサイトの例です。

```html
<!--This is a comment in HTML.
Save this file as index.html-->
<!-- http://tinyurl.com/h3bjuov -->

<html lang="en">
<head>
    <meta charset="UTF-8">
    <title>My Website</title>
</head>
<body>
    Hello, World!
    <a href="https://www.google.com"/>here</a>
</body>
</html>
```

　このHTMLをファイルに保存して、ウェブブラウザで表示してみてください。ダブルクリックしてもウェブブラウザで表示されないのであれば、ウェブブラウザのファイルメニューから開いてみてください。

　ウェブブラウザは、HTMLファイルに書かれた複数の異なる**HTMLタグ**を読み取ります。HTMLタグは（以下タグ）プログラミングのキーワードのようなもので、ウェブブラウザに何らかの意図を伝えます。

　多くのタグには、開始タグと終了タグがあり、間に文字列が挟まれます。

たとえば、<title></title> タグの間に書かれた文字列は、ウェブブラウザのタブに表示されます。開始タグと終了タグに挟まれた部分にもタグを書けます。たとえば、<head></head> に囲まれた部分には、そのウェブページのメタデータ[訳注1]を書きます。<body></body> の間にはそのページの本文を書きます。<a></a> タグはページにリンクを作ります。タグにはデータも持たせられます。たとえば、href="https://www.google.com" というデータを <a> タグに持たせると、ブラウザがリンク先のURLとして使います。さらに多くのHTMLタグがありますが、これだけの情報があればウェブスクレイパーを作るには十分でしょう。

Googleニュースをスクレイピングする[編注1]

本節では、Googleニュースからすべての <a></a> タグを読み取り、リンク先のすべての記事を取得するウェブスクレイパーを作ります。Googleニュースは、このタグを使ってほかのサイトにリンクする構成になっているので、Googleニュースに表示されている記事の全文を取得するためには、リンク先のデータの取得が必要です。取得後に BeautifulSoup パッケージを使ってGoogleニュースのHTMLを**パース**（構文解析）します。パースとは、HTMLのようなデータフォーマットを読み取って、プログラミング言語を使って構造化することです。たとえば、データをオブジェクトに変換します。まず始めに、BeautifulSoup をインストールしてください。

UbuntuとmacOSでは、次のコマンドでインストールします[訳注2]。

```
1   # http://tinyurl.com/z4fzfzf
2
3   $ sudo pip3 install beautifulsoup4==4.6.0
```

>> Successfully installed beautifulsoup4-4.6.0

Windowsでは、次のコマンドでインストールします（コマンドラインを

[編注1]　Googleニュースの仕様変更に伴う補足を本書のサイトに用意しました。
　　　　　https://shop.nikkeibp.co.jp/front/commodity/0000/C92270/
[訳注1]　当該データに関する情報。ページのタイトルや概要、検索エンジン向けキーワードなど、ブラウザへの表示とは別に用意された情報のことです。
[訳注2]　macOSとLinuxでは pip3、Windowsでは pip と入力してください。

第20章　知識を1つにまとめる

管理者権限で開きます）。

```
1   # http://tinyurl.com/hk3kxgr
2
3   > pip install beautifulsoup4==4.6.0
```

>> Successfully installed beautifulsoup4-4.6.0

Pythonには urllib という組み込みモジュールがあり、URLを扱えます。次のコードを新しいPythonファイルに書いて保存してください。

```
1   # http://tinyurl.com/jmgyar8
2
3   import urllib.request
4   from bs4 import BeautifulSoup
5
6
7   class Scraper:
8       def __init__(self, site):
9           self.site = site
10
11      def scrape(self):
12          pass
```

__init__ メソッドは、スクレイピング対象となるウェブサイトのURLを受け取ります。あとから、ここに https://news.google.com/ を引数として渡します。 Scraper クラスは、scrape メソッドを持ち、スクレイピングしたいタイミングで、このメソッドを呼び出します。

scrape メソッドに、以下のコードを書いてください。

```
1   # http://tinyurl.com/h5eywoa
2
3       def scrape(self):
4           r = urllib.request.urlopen(self.site)
5           html = r.read()
```

urlopen 関数はウェブサイトへのリクエストを行います。実行すると、Response オブジェクトが返され、この中にHTMLと、追加情報が格納されています。 response.read メソッドを呼ぶと、HTMLデータが

241

Response オブジェクトから返されます。URLのウェブサイトから取得したすべてのHTMLデータが、`html` 変数に入っています。

　これで、HTMLをパースする準備ができました。 `scrape` メソッドに新しいコードを追加します。 `BeautifulSoup` のオブジェクトを作成するために、引数に `html` 変数と、HTMLをパースしてほしいことを伝える `"html.parser"` という文字列を渡します。

```
1   # http://tinyurl.com/hvjulxh
2
3       def scrape(self):
4           r = urllib.request.urlopen(self.site)
5           html = r.read()
6           parser = "html.parser"
7           sp = BeautifulSoup(html, parser)
```

　`BeautifulSoup` オブジェクトは、HTMLをパースする手間のかかる仕事をすべてやってくれます。

　`scrape` メソッドに残りのコードを追加してください。追加するコードでは、`BeautifulSoup` の `find_all` メソッドを呼びます。このとき、`"a"` を引数に渡しているのは、`<a></a>` タグをすべて集めて返すように伝えるためです。これで、このメソッドはHTMLに書かれているすべてのリンクを集めて返してくれます。

```
1   # http://tinyurl.com/zwrxjjk
2
3       def scrape(self):
4           r = urllib.request.urlopen(self.site)
5           html = r.read()
6           parser = "html.parser"
7           sp = BeautifulSoup(html, parser)
8           for tag in sp.find_all("a"):
9               url = tag.get("href")
10              if url is None:
11                  continue
12              if "html" in url:
13                  print("\n" + url)
```

　`find_all` メソッドはイテラブルなオブジェクトで、個々の要素は `tag`

第20章　知識を1つにまとめる

オブジェクトです。このforループを回すたびに、変数 tag に新しい Tag のオブジェクトが代入されます。どの Tag オブジェクトも、多くのインスタンス変数を持っていますが、ここで必要なのは、URLが代入されている href インスタンス変数の値だけです。

　最後に、手に入れたURLが期待する文字列を持っているかどうか確認します。期待する文字列は、html という文字を含んだURL文字列です[訳注3]。期待する文字列だった場合、それを画面に出力しています。

　ウェブスクレイパーのコード全体は以下のようになりました。

```
 1  # http://tinyurl.com/j55s7hm
 2
 3  import urllib.request
 4  from bs4 import BeautifulSoup
 5
 6  class Scraper:
 7      def __init__(self, site):
 8          self.site = site
 9
10      def scrape(self):
11          r = urllib.request.urlopen(self.site)
12          html = r.read()
13          parser = "html.parser"
14          sp = BeautifulSoup(html, parser)
15          for tag in sp.find_all("a"):
16              url = tag.get("href")
17              if url is None:
18                  continue
19              if "html" in url:
20                  print("\n" + url)
21
22
23  news = "https://news.google.com/"
24  Scraper(news).scrape()
```

　このプログラムを実行すると、次ページに示すような文字列が出力されるはずです。

[訳注3]　この方法では、URLのどこかにhtmlが含まれていれば条件が真になります。文字列の最後が .html で終わっているかを調べるには url[:-5] == '.html' や url.endswith ('.html') のように書きます。より正確に判定するには、urllib.parse.urlparse を利用する方法があります。

243

```
https://www.washingtonpost.com/world/national-security/in-
foreign-bribery-cases-leniency-offered-to-companies-that-
turn-over-employees/2016/04/05/d7a24d94-fb43-11e5-9140-
e61d062438bb_story.html

http://www.appeal-democrat.com/news/unit-apartment-complex-
proposed-in-marysville/article_bd6ea9f2-fac3-11e5-bfaf-
4fbe11089e5a.html

http://www.appeal-democrat.com/news/injuries-from-yuba-city-
bar-violence-hospitalize-groom-to-be/article_03e46648-f54b-
11e5-96b3-5bf32bfbf2b5.html
```

　Googleニュースのヘッドライン記事を集められるようになったので、ここから先には無限の可能性があります。プログラムを拡張して、ヘッドライン記事でどのような単語が使われているかを分析したり、各記事の文章から感情を分析したり、株式市場とどのような相関があるか観察したりできます。ウェブスクレイピングによって、世界中のすべての情報はあなたのものです。さあ、楽しみましょう！

用語集

ウェブスクレイパー：ウェブサイトのページを取得して欲しい情報を収集・分析・抽出するプログラム

HTML：ウェブサイトの構造を決める言語

HTMLタグ：プログラミングのキーワードのようなもので、ウェブブラウザに何らかの意図を伝える

パース（構文解析）：HTMLのようなデータフォーマットを読み取って、プログラミング言語を使って構造化すること。たとえば、データをオブジェクトに変換する

第 20 章　知識を 1 つにまとめる

チ ャ レ ン ジ

1. ウェブスクレイパーを改造して、ヘッドライン記事をファイルに保存しよう。

解答：http://tinyurl.com/gkv6fuh

第4部

PART 4

PART 4

第**21**章

データ構造

> 実際のところ、良いプログラマーと悪いプログラマーの違いはデータ
> 構造を重要であると考えるかどうかにあると言いたい。悪いプログラ
> マーはコードそのものに気を使ってしまうが、良いプログラマーはデ
> ータ構造とそれらの関係性について気を使うものだ。
>
> ——Linus Torvalds（リーナス・トーバルズ）

データ構造 は、情報をとりまとめて格納するためのフォーマット（形式）
です。データ構造はプログラミングの基本知識で、多くのプログラミング言
語が組み込みのデータ構造（データ型）を持っています。これまでに、
Pythonに組み込まれているデータ構造をいくつか使ってきました。リスト、
タプル、辞書などです。本章では、さらに2つのデータ構造、スタックとキ
ューについて学びましょう。

スタック

スタック は、リストのようなデータ構造で、スタックに要素を追加した
り削除したりできます。リストと異なるのは、要素の追加や削除を終端にし
か行えないことです。たとえばリストの場合、[1, 2, 3] のどの要素でも
削除できます。同様の要素を持つスタックの場合、最後の要素 3 しか削除
できません。スタックから 3 を削除したあとの状態は [1, 2] になり、こ
のときに削除できるのは 2 だけです。 2 を削除すれば 1 も削除でき、スタ
ックは空になります。スタックから要素を削除することを **ポップ** と呼びます。

空のスタックに要素 1 を追加すると [1] になります。ここに 2 を追加す
ると [1, 2] になります。スタックに要素を追加することを **プッシュ** と呼
びます。

このように、最後に入れた要素だけを取り出せるデータ構造のことを **ラ
ストイン・ファーストアウト**（**LIFO**）と呼びます。

第21章　データ構造

　LIFOの動きは、まるでお皿を積み重ねるかのようです。5枚のお皿を積み重ねたら（スタックしたら）、一番下のお皿を手に入れるには上に重なっているお皿を順番に取り除いていく必要があります。スタックに入っているデータというのは、お皿のように積み重なっていて、参照するためには上から順番に取り出す必要があります。

　本節では、スタックのデータ構造をプログラミングしていきます。実際には、本章で紹介するデータ構造はPythonのライブラリで提供されています。しかし、自分でプログラミングしてみることで、データ構造がどのように動作するか分かるでしょう。

　これから実装する Stack クラスには5つのメソッド is_empty 、push 、pop 、peek 、size があります。 is_empty メソッドはスタックが空のときに True 、中に要素があれば False を返します。 push メソッドは要素をスタックの一番上に積みます。 pop メソッドはスタックの一番上から要素を削除して返します。 peek メソッドはスタックの一番上の要素を返しますが、削除はしません。 size はスタックに入っている要素数を整数で返します。スタックをPythonで書いたコードは次のようになります[訳注1]。

```
1    # http://tinyurl.com/zk24ps6
2
3    class Stack:
4        def __init__(self):
5            self.items = []
6
7        def is_empty(self):
8            return self.items == []
9
10       def push(self, item):
11           self.items.append(item)
12
13       def pop(self):
14           return self.items.pop()
15
16       def peek(self):
17           last = len(self.items) - 1
18           return self.items[last]
19
20       def size(self):
21           return len(self.items)
```

249

新しいスタックは、最初は空なので、is_empty メソッドは True を返します。

```
1   # http://tinyurl.com/jfybm4v
2
3   stack = Stack()
4   print(stack.is_empty())
```

>> True

新しい要素をスタックに追加すると、is_empty は False を返します。

```
1   # http://tinyurl.com/zsexcal
2
3   stack = Stack()
4   stack.push(1)
5   print(stack.is_empty())
```

>> False

pop メソッドはスタックから要素を取り除くので、is_empty は再び True を返します。

```
1   # http://tinyurl.com/j72kswr
2
3   stack = Stack()
4   stack.push(1)
5   item = stack.pop()
6   print(item)
7   print(stack.is_empty())
```

>> 1

>> True

....

[訳注1] このコードのis_emptyメソッドでは「空のリストと比較して等価か」を確認していますが、return not self.items と書いて「itemsが偽（空）か」を確認したほうが良いでしょう。また、peekメソッドでは最後の要素のインデックス値を計算していますが、return self.items[-1] と書くのが簡潔で良いでしょう。

第21章　データ構造

スタックの一番上の要素を覗き見 (peek) して、サイズを確認してみます。

```
1   # http://tinyurl.com/zle7sno
2
3   stack = Stack()
4
5   for i in range(0, 6):
6       stack.push(i)
7
8   print(stack.peek())
9   print(stack.size())
```

\>> 5

\>> 6

スタックを使って文字列を逆順にする

　スタックには、入れた順番と逆順で取り出される性質があります。この性質を使えば、イテラブルの順番を逆にできます。本節では、プログラミングの面接でよくある、スタックを使って文字列を逆順にするコードを書いてみましょう。

```
1   # http://tinyurl.com/zoosvqg
2
3   class Stack:
4       def __init__(self):
5           self.items = []
6
7       def is_empty(self):
8           return self.items == []
9
10      def push(self, item):
11          self.items.append(item)
12
13      def pop(self):
14          return self.items.pop()
15
16      def peek(self):
17          last = len(self.items)-1
18          return self.items[last]
19
```

251

```
20    def size(self):
21        return len(self.items)
22
23
24 stack = Stack()
25 for c in "Hello":
26     stack.push(c)
27
28 reverse = ""
29
30 while stack.size():
31     reverse += stack.pop()
32
33 print(reverse)
```

>> olleH

　文字列 Hello を1文字ずつループで回し、pushメソッドでスタックに入れていきます。そして今度は、スタックの要素がある間ループを回し、1文字ずつ取り出して reverse 変数に書き足していきます。繰り返し処理が終われば、元の単語が逆順になって、画面に olleH と表示されます。

キュー

　もう1つのデータ構造、**キュー** を紹介します。キューもリストのようなデータ構造で、キューに要素を追加、削除できます。キューは、スタックと同様に、特定の順番でしか追加と削除ができません。ただし、スタックとは異なり、最初に入れた要素が一番初めに取り出されます。このように動作するデータ構造を **ファーストイン・ファーストアウト**（**FIFO**）と呼びます。

　FIFOのデータ構造は、まるで映画のチケットを買う人の待ち行列のようです。列の先頭の人が最初にチケットを手に入れられます。2番目の人は、2番目にチケットを手に入れられます。このように並んだ順番で処理が進んでいきます。

　本節でプログラミングするキューのデータ構造には、4つのメソッド enqueue 、dequeue 、is_empty 、size があります。 enqueue は新しい要素をキューに追加します。 dequeue はキューから要素を削除します。 is_empty はキューが空であれば True を返し、要素が入っていれば

False を返します。 size はキューに入っている要素数を返します。

```
1   # http://tinyurl.com/zrg24hj
2
3   class Queue:
4       def __init__(self):
5           self.items = []
6
7       def is_empty(self):
8           return self.items == []
9
10      def enqueue(self, item):
11          self.items.insert(0, item)
12
13      def dequeue(self):
14          return self.items.pop()
15
16      def size(self):
17          return len(self.items)
```

新しいキューは空なので、is_empty メソッドは True を返します。

```
1   # http://tinyurl.com/j3ck9jl
2
3   a_queue = Queue()
4   print(a_queue.is_empty())
```

>> True

キューに要素を追加して、サイズを確認してみましょう。

```
1   # http://tinyurl.com/jzjrg8s
2
3   a_queue = Queue()
4
5   for i in range(5):
6       a_queue.enqueue(i)
7
8   print(a_queue.size())
```

>> 5

キューから要素を取り出して順番に出力すると次のようになります。

```
1   # http://tinyurl.com/jazkh8b
2
3   a_queue = Queue()
4
5   for i in range(5):
6       a_queue.enqueue(i)
7
8   while a_queue.size():
9       print(a_queue.dequeue())
10
11  print()
12  print(a_queue.size())
```

>> 0

>> 1

>> 2

>> 3

>> 4

>>

>> 0

コラム1

　本節で紹介したキューを実現するクラスは、Pythonの組み込みクラス collections.dequeとして提供されています。先ほどのコード例は、 collections.dequeを使って自作のQueueクラスと同じように書けます。 collections.dequeはキューに必要な多くの機能を持っており、自作の Queueクラスよりも高速に動作します。

　このように、多くの人が必要とするデータ構造は、あらかじめ用意されて いる可能性があります。データ構造を学んだあとは、すでに用意されている ライブラリを活用してみてください。Pythonはほかにもいろいろな組み込 みのライブラリを提供しています。公式ドキュメントなどを探してみると良 いでしょう。

第21章 データ構造

チケット行列

キューを使って、映画のチケットを買う待ち行列をプログラミングで表現してみましょう[訳注2]。

```python
1    # http://tinyurl.com/jnw56zx
2
3    import time
4    import random
5
6    class Queue:
7        def __init__(self):
8            self.items = []
9
10       def is_empty(self):
11           return self.items == []
12
13       def enqueue(self, item):
14           self.items.insert(0, item)
15
16       def dequeue(self):
17           return self.items.pop()
18
19       def size(self):
20           return len(self.items)
21
22   def simulate_line(till_show, max_time):
23       pq = Queue()
24       tix_sold = []
25
26       for i in range(100):
27           pq.enqueue("person" + str(i))
28
29       t_end = time.time() + till_show
30       now = time.time()
31       while now < t_end and not pq.is_empty():
32           now = time.time()
33           r = random.randint(0, max_time)
34           time.sleep(r)
35           person = pq.dequeue()
36           print(person)
37           tix_sold.append(person)
38
```

255

```
39      return tix_sold
40
41  sold = simulate_line(5, 1)
42  print(sold)
```

```
>> person0
...
>> ['person0', 'person1', 'person2']
```

simulate_line はチケット行列をプログラムで表現した関数です。この関数は2つの引数 till_show と max_time を受け取ります。引数 till_show は整数で、あと何秒で映画が始まるのかを表しています。引数 max_time も整数で、ある人がチケットを買うのにかかる最大の秒数を表しています。

この関数は最初に空のキューと空のリストを作ります。リストはチケットを無事購入できた人を覚えておくためのものです。次の処理では、待ち行列に並ぶ人を100人分、キューに入れます。人は person0 から person99 までの文字列で表現しています。これで、チケットを買いに来た人が待ち行列（キュー）に並びました。

組み込みモジュール time には、time と言う関数があります。この関数は **epoch（エポック）** からの経過秒数を浮動小数点数で返します。epoch は基準時間で、1970年1月1日のことです [訳注3]。私が今、関数を呼んでみたら、1481849664.256039 という値が返ってきました。これが、epochからの経過秒数です。1秒後にもう一度この関数を呼べば、先ほど返された値より 1 大きい浮動小数点数が返されます。

変数 t_end には time 関数の戻り値と、引数で渡された till_show の秒数を足した値を代入しました。現在時刻に数値を足したので、t_end は未来の時間を指しています。続くコードはwhileループです。このループは、time 関数が返す時刻が t_end の時刻を過ぎるか、キューが空になったら、終了します。

次は、組み込みモジュール time の sleep 関数を使ってPythonの処理を一時停止します。停止することで、チケットを購入するのに時間がかかっ

[訳注2]　リンク先の原著のコードと日本語版のコードは異なります（Queueクラスをシンプルに保ち、simulate_line関数からそれを利用する実装にしています）。また、日本語版のコードは改ページ位置でインデントが変わっていることにご注意ください。

第21章 データ構造

ている状態を表現します。停止する時間は、チケット購入にかかる時間が人それぞれ違うことを表現するため、0 秒から max_time 秒までのランダムな整数で決めることにします。

sleep 関数での一時停止から戻ってきたら、キューで待っている人を取り出して、リスト tix_sold に追加します。このリストには、チケットを購入できた人たちが入っています。

これで、simulate_line 関数でチケット購入行列を表現するプログラムが書けました。チケットの販売数が多くなるか少なくなるかは、指定した引数の値を元にランダムに決まります。

用語集

データ構造：情報をとりまとめて格納するためのフォーマット（形式）
スタック：最後に入れた要素を取り出せるデータ構造
ポップ：スタックから要素を削除（pop）すること
プッシュ：スタックに要素を追加（push）すること
ラストイン・ファーストアウト：最後に入れた要素を取り出せるデータ構造 Last-in-first-out
LIFO：Last-in-first-out
キュー：最初に入れた要素を一番初めに取り出せるデータ構造
ファーストイン・ファーストアウト：最初に入れた要素を一番初めに取り出せるデータ構造。First-in-first-out
FIFO：First-in-first-out
epoch（エポック）：基準時間で、1970年1月1日のこと

チャレンジ

1. スタックを使って、文字列 "yesterday" を逆順にしてみよう。
2. スタックを使って、[1, 2, 3, 4, 5] の要素を逆順に並べた新しいリストを作ろう。

解答：http://tinyurl.com/j7d7nx2

[訳注3] 時刻はグリニッジ標準時の0時0分0秒です。

257

PART 4

第22章

アルゴリズム

アルゴリズムはレシピのようなもの。

——**Waseem Latif**（ワシム・ラティフ）

　本章は、アルゴリズムについて概要を紹介します。**アルゴリズム** とは、特定の問題を解決するための、再現可能な一連の手順です。特定の問題とはたとえば、リストから要素を探したり、「99 Bottles of Beer on the Wall」[訳注1]の歌詞を出力したりすることです。

FizzBuzz

　FizzBuzzを解くときが遂にきました。FizzBuzzは、面接でよく聞かれる質問で、候補者を絞り込むようにデザインされたものです。
　FizzBuzzのルールは次の通りです。

　1 から 100 までの数字を出力するプログラムを書きなさい。ただし、3の倍数のときは数字の代わりにFizzと出力し、5の倍数のときは数字の代わりにBuzzと出力する。そして、3と5の倍数のときは、FizzBuzzと出力すること。

　この問題を解くには、3か5の倍数かどうかをチェックする必要があります。数字が3の倍数なら、3で割った余りがゼロになります。5の場合は5で割った余りがゼロです。割り算の余りを計算するには、演算子%を使います。FizzBuzz問題は、ある数字が3と5の両方で割り切れるか、3だけで割り切れるか、5だけで割り切れるか、このチェックを繰り返すことで解くことができます。

［訳注1］　アメリカの民謡。ビール瓶が99本から始まって、歌詞が進むにつれて減っていきます。

258

第 22 章　アルゴリズム

```
1   # http://tinyurl.com/jroprmn
2
3   for i in range(1, 101):
4       if i % 3 == 0 and i % 5 == 0:
5           print("FizzBuzz")
6       elif i % 3 == 0:
7           print("Fizz")
8       elif i % 5 == 0:
9           print("Buzz")
10      else:
11          print(i)
```

>> 1

>> 2

>> Fizz

...

　1 〜 100 の数字に対して次の処理を繰り返します。それぞれの値について 3 と 5 で割り切れる数字か確認します。両方で割り切れる数字ならば FizzBuzz と出力します。ここで重要なのは、最初に両方の数で割り切れるかを確認していることです。もし先に 3 または 5 で割り切れるかを確認してしまうと、FizzBuzz と出力するべきときにも、Fizz もしくは Buzz と出力してしまい、正しくない解答になってしまうからです。

　3 と 5 はお互いに割り切れないので、3 と 5 の両方で割り切れる数字かどうかを最初にチェックすれば、残りはどんな順番で確認してもかまいません。 3 か 5 で数字が割り切れれば、Fizz か Buzz と出力します。3つの条件のいずれにも当てはまらない場合は、数字を出力します。

線形探索

　探索アルゴリズム とは、たとえばリストのようなデータ構造の中から欲しいデータを探す処理です。**線形探索** とは、データ構造の中の要素を1つひとつ確認して探しているものを見つける、シンプルな探索アルゴリズムです。

　カードゲームなどで、カードの山から目的のカードを探したことはありませんか？ この場合、線形探索すると思います。山の中から1枚ずつカードを探し、違うカードだったら次のカードへ移ります。そして欲しいカードに行

259

き当たったら探すのをやめます。山のすべてを探したのに見つからない場合
も、そのカードがないと分かったので探すのをやめます。

以下のコードは、Pythonで線形探索をプログラミングした例です。

```
1   # http://tinyurl.com/zer9esp
2
3   def ss(number_list, n):
4       found = False
5       for i in number_list:
6           if i == n:
7               found = True
8               break
9       return found
10
11  numbers = range(0, 100)
12  s1 = ss(numbers, 2)
13  print(s1)
14  s2 = ss(numbers, 202)
15  print(s2)
```

```
>> True
>> False
```

まず、変数 found に False を代入します。この変数には、このアルゴ
リズムが探している数字を見つけたかどうかを記録します。そして、リスト
の中のすべての数字をループして、その数字かどうかを確認します。その数
字を見つけたら found に True を代入してループを抜け、found 変数（
True ）を返します。

探している数字でない場合は、リストの次の数字に進みます。リストの最
後まで探して数字が見つからない場合、変数 found は False のまま、呼
び出し元に返されます。

回文

回文 は、初めから読んでも終わりから読んでも、同じになる文章です。
文章を逆転させ、元の文章と同じかどうか比較することで、回文か否かを確
認するアルゴリズムを書けます。比較して一致すれば、その文章は回文です。

第22章 アルゴリズム

```
1   # http://tinyurl.com/jffr7pr
2
3   def palindrome(word):
4       word = word.lower()
5       return word[::-1] == word
6
7   print(palindrome("Mother"))
8   print(palindrome("Mom"))
```

\>\> False

\>\> True

　lower メソッドは、対象の文字列に大文字があれば小文字に置き換えて、文字列全体を返します。Pythonでは、M と m は違う文字として扱われますが、このアルゴリズムでは、文字列を比較するときに大文字小文字の違いを無視したいのです。

　word[::-1] というコードは、文字列を逆転させます。[::-1] はPythonの文法で、シーケンス全体のスライスを逆順で返します。文字列を逆順にしたら、元の文字列と比較します。比較して一致したら回文なので、関数は True を返します。一致しなければ、False を返します。

アナグラム

　アナグラム は、単語の文字を並べ替えて別の単語を作ることです。 iceman という単語は cinema のアナグラムです。この2つの単語は、どちらかの文字を並べ替えてもう片方の単語を作れます。2つの単語がアナグラムの関係にあるかは、文字列をアルファベット順でソートして一致するか確認すれば良いでしょう。

```
1   # http://tinyurl.com/hxplj3z
2
3   def anagram(w1, w2):
4       w1 = w1.lower()
5       w2 = w2.lower()
6       return sorted(w1) == sorted(w2)
7
8   print(anagram("iceman", "cinema"))
9   print(anagram("leaf", "tree"))
```

261

```
>> True
>> False
```

先に、両方の単語の lower メソッドを呼んでいます（今回の例では影響
はありません）。そして、2つの単語をそれぞれ sorted 関数に渡して、ア
ルファベット順に並べ替えた文字列で再代入しています。そして、並べ替え
た単語2つを比較します。ソートされた単語同士が一致したら、関数は
True を返します。一致しなかったら False を返します。

出現する文字列を数える

本節では、渡された文字列にどの文字が何回出現したかを数えるアルゴリ
ズムをプログラミングします。このアルゴリズムは文字列を1文字ずつルー
プで回し、各文字の出現回数を辞書に記録します。

```
1   # http://tinyurl.com/zknqlde
2
3   def count_characters(string):
4       count_dict = {}
5       for c in string:
6           if c in count_dict:
7               count_dict[c] += 1
8           else:
9               count_dict[c] = 1
10
11      print(count_dict)
12
13  count_characters("Dynasty")
```

```
>> {'D': 1, 't': 1, 'n': 1, 'a': 1, 's': 1, 'y': 2}
```

このアルゴリズムでは、string 変数を1文字ずつループで繰り返し、関
数に渡します。もしその文字がすでに count_dict 辞書に含まれていたら、
そのカウントをインクリメントします。まだ count_dict に含まれていな
ければ、その文字を辞書に追加してカウントを 1 に設定します。
ループが終わったら count_dict には各文字をキーにバリューが格納さ
れます。各キーのバリューはその文字が対象の文字列に出現した回数です。

第22章　アルゴリズム

コラム1

　この節で紹介したような、要素の集まり（コレクション）を扱うアルゴリズムがPythonの組み込みモジュール collections で提供されています。

　先ほどのコード例は collections.defaultdict を使うことで、より短く、分かりやすく書けます。

```
 1  from collections import defaultdict
 2
 3
 4  def count_characters(string):
 5      count_dict = defaultdict(int)
 6      for c in string:
 7          count_dict[c] += 1
 8
 9      print(count_dict)
10
11
12  count_characters("Dynasty")
```

　また、collections.Counter を使えば、count_characters 関数自体を置き換えられます。

```
 1  from colllectoins import Counter
 2
 3  print(Counter("Dynasty"))
```

　このように、多くの人が必要とするアルゴリズムは、あらかじめ用意されている可能性があります。この節のコード例のようにアルゴリズムを組み立てたら、みんなが欲しいアルゴリズムなら組み込みモジュールで提供されているのではないか、ともう1歩考えを進めてみてください。そして、前にも述べたように、Pythonの公式ドキュメントなどを探してみてください。

再帰

　再帰 は、大きな問題を小さな問題に分割して解決する分割統治法で使われる手法で、小さな問題は比較的楽に解決できるだろう、という点に着目しています。本書ではこれまでに **反復法** を使って問題を解決してきました。反復法は、手順を繰り返すことで問題を解決します。反復法には通常ループ

263

を使います。

再帰法 は関数からその関数自身を呼び出す手法です。そのような関数を再帰関数と呼びます。反復法で解決できるどんな問題も、再帰法に置き換えられます。その上、再帰法はより洗練された解決法となることがあります。

これから再帰法を使った関数を書いていきます。再帰関数は、無限に呼び出し続けたり（無限再帰）しないように、関数自身の呼び出しを終了する条件である **再帰終了条件** を持たなければいけません。そして、関数内からその関数自身を呼び出します（再帰呼び出し）。呼び出された関数もまた再帰呼び出しをします。このように再帰呼び出しを繰り返しているうちに、状態が再帰終了条件に近づいていきます。最終的に、再帰終了条件が満たされて、問題が解決します。そして関数は再帰呼び出しをやめます。

このアルゴリズムは、次の3つの再帰のルールを満たしています。

1. 再帰法は、再帰終了条件を持たなければならない。
2. 再帰法は、状態を変えながら再帰終了条件に進んでいかなければならない。
3. 再帰法は、再帰的に関数自身を呼び出さなければならない[注1、訳注2]。

次のコードは、再帰法を使って 前述の「99 Bottles of Beer on the Wall」の歌詞を出力する例です。

```
1   # http://tinyurl.com/z49qe4s
2
3   def bottles_of_beer(bob):
4       """ Prints Bottle of Beer on the Wall lyrics.
5
6       :param bob: Must be a positive integer.
7       """
8       if bob < 1:
9           print("""No more bottles of beer on the wall.
10               No more bottles of beer.""")
```

....

[注1]　http://interactivepython.org/courselib/static/pythonds/Recursion/
　　　TheThreeLawsofRecursion.html
[訳注2]　日本語での再帰処理の説明は、次のサイトが分かりやすいです。
　　　http://wa3.i-3-i.info/word14899.html

第22章 アルゴリズム

```
11          return
12
13      tmp = bob
14      bob -= 1
15      print("""{} bottles of beer on the wall.
16          {} bottles of beer.
17          Take one down, pass it around,
18          {} bottles of beer on the wall.
19          """.format(tmp, tmp, bob))
20      bottles_of_beer(bob)
21
22  bottles_of_beer(99)
```

```
>> 99 bottles of beer on the wall.
99 bottles of beer.
Take one down, pass it around,
98 bottles of beer on the wall.

98 bottles of beer on the wall.
98 bottles of beer.
Take one down, pass it around,
97 bottles of beer on the wall.
...
No more bottles of beer on the wall. No more bottles of
beer.
```

　この例では、ルールの1つ目「再帰終了条件の用意」をコードの以下の部分で満たしています。

```
1   # http://tinyurl.com/h4k3ytt
2
3   if bob < 1:
4       print("""No more bottles of beer on the wall.
5           No more bottles of beer.""")
6       return
```

　変数 bob が1未満になったとき、関数が終了して再帰呼び出しが終わります。

265

bob -= 1 の行は、変数 bob の値がデクリメントされているので、ルールの2つ目「再帰終了条件に進んでいく」を満たします。この例では、最初に 99 という数値を関数の引数に渡しています。そして再帰終了条件は bob が 1 未満になったときに満たされます。関数は再帰呼び出しされ、その都度、再帰終了条件に近づいていきます。

最後のルールは、次の行で満たされます。

```
1  # http://tinyurl.com/j7zwm8t
2
3  bottles_of_beer(bob)
```

この行は、再帰終了条件を満たしていない間は必ず実行され、関数は再帰呼び出しをします。関数が関数自身を呼び出すときに渡す引数は、最初に渡された引数より 1 小さい値になっているので、再帰終了条件に進んでいると言えます。最初にこの行に処理がやってきたとき、関数に渡す値は 98 です。次は 97 でその次は 96 となっていき、最後には 1 未満になって再帰終了条件を満たして、No more bottles of beer on the wall. No more bottles of beer. が出力されます。そして、return キーワードに処理が到達して、アルゴリズムが終了します。

再帰は、プログラミング入門者が把握するにはかなり厳しいことで悪名高い概念の1つです。初めは混乱するかもしれませんが、心配せずに練習を続けましょう。「再帰を理解するには、まず再帰を理解する必要がある」ことを思い出して [訳注3、訳注4]。

用語集

アルゴリズム：問題を解決するための一連の手順

....

[訳注3] 「to understand recursion; first you must understand recursion」は、再帰の概念を説明するときによく使われる冗談で、冗談自体が再帰的に書かれています。たとえば、次のウェブサイトでこの冗談が使われています。
http://vaidehijoshi.github.io/blog/2014/12/14/to-understand-recursion-you-must-first-understand-recursion/
[訳注4] 再帰を使った例としてほかには、以下で示しているように、フィボナッチ関数、累乗計算、ハノイの塔などがあります。
http://www.geocities.jp/m_hiroi/light/pyalgo01.html

第 22 章　アルゴリズム

探索アルゴリズム：データ構造の中から欲しいデータを探す処理（たとえばリストから）

線形探索：シンプルな探索アルゴリズムで、データ構造の中の要素を1つひとつ確認して探しているものを見つける手法

回文：初めから読んでも終わりから読んでも、同じになる文字列

アナグラム：単語の文字を並べ替えて別の単語を作ること

再帰：大きな問題を小さな問題に分割して解決する分割統治法法で使われる手法。小さな問題は比較的楽に解決できるだろう、という点に着目している

反復法：反復アルゴリズム。手順を繰り返すことで問題を解決する。通常、ループを使用する

再帰法：再帰アルゴリズム。関数からその関数自身を呼び出すことで手順を繰り返し、問題を解決する

再帰終了条件：関数自身の呼び出しを終了する条件

チャレンジ

1. https://leetcode.com に登録して、簡単なレベルのアルゴリズム問題を3つ解いてみよう[訳注5]。

コラム2

　オンライン学習サービス「PyQ（パイキュー）」とのコラボで、この章を復習できる問題を用意しました。ぜひチャレンジしてください。

　PyQは、株式会社ビープラウドが提供する有料のサービスです。付属のキャンペーンコードを入力すると、3日間無料で体験できます。

体験方法: https://pyq.jp/ にアクセスし、「学習を始める」ボタンをクリックし、画面の案内に従って、キャンペーンコード「tstp_python」を入力してください。

※　3日間の無料期間中に料金は発生しませんが、クレジットカードの登録が必要です。

[訳注5]　このサイトは英語で記述されているので、日本語で問題を解きたい場合はコラム2に進んでください。

267

第5部

PART 5

PART 5

第23章
プログラミングの
ベストプラクティス

コードを書くときはいつも、あなたのコードをメンテするのが凶暴な
サイコパスで、しかもあなたの住所を知っている、と考えよう。
——John Woods（ジョン・ウッズ）

製品コードは、人が利用する製品に含まれるコードのことです。ソフトウェアを**製品化**することは、コードが世の中に出るということです。本章では、プログラミングの原則をいくつか紹介します。これらの原則は、製品向けのコードを書くときの助けになるでしょう。原則の多くはAndy Hunt（アンディ・ハント）とDave Thomas（デイブ・トーマス）の著書『達人プログラマー』にあるものです。この本は、私のコードの品質を劇的に改善させました。

コードを書くのは最後の手段

ソフトウェアエンジニアとしての仕事は、できるだけ少ないコードで書くことです。解決したい問題を前にして最初に考えるべきは、「どうやってこれを解こうか」ではなく、「ほかの誰かがすでにこの問題を解決しているだろうか？ その解決方法は自分も使えるだろうか？」です。解決しようとしている問題がよくあるものなら、おそらくほかの誰かがすでにそれを解決しているでしょう。解決策をネットで探すことから始めましょう。誰もその問題を解決していないということが分かって初めて、自分で解決することにしましょう。

DRY

DRYは、プログラミングの原則であり、Don't Repeat Yourselfの頭文字です。コードを書くときに、同じような作業を繰り返してはいけない、という意味です。コードを1つの関数に入れておけば、何度でも使えるようにな

270

第23章　プログラミングのベストプラクティス

ります。

直交性

直交性も重要なプログラミングの原則です。これも『達人プログラマー』によって広まりました。ハントとトーマスは、次のように説明しています。

この用語はコンピューティングの分野では、ある種の独立性、あるいは分離性を表しています。2つ以上のものごとで、片方を変更しても他方に影響を与えない場合、それらを直交していると呼ぶわけです。うまく設計されたシステムでは、データベースのコードはユーザー・インタフェースと直交しています。つまりデータベースに影響を与えることなくインタフェースを変更したり、インタフェースを変更することなくデータベースを交換できたりするのです[訳注1]。

直交性は、「aはbに影響するべきでない」と短くして覚えましょう。たとえば、2つのモジュールaとbがあるとき、aはbの中身に変更を加えるべきではない、逆も同様、と言えます。もし、aからbに、bからcに、cからdに影響を与えるような設計をした場合、コードは急速に秩序をなくしてしまい、制御不能になります。

どのデータも1カ所で定義しよう

何らかのデータを扱うとき、そのデータは複製などせずに1カ所だけに持つべきです。たとえば、電話番号を管理するアプリを作っているとしましょう。アプリには2つの関数があり、どちらも地域コードのリストを利用するとします。この場合、プログラムの中で1カ所だけで地域コードリストを保持するように気を付けましょう。それぞれの関数のために地域コードを複製して持つべきではありません。代わりに、地域コードをグローバル変数に持たせて使うべきです。より良い方法は、ファイルやデータベースにその情報を格納しておくことです。

....

[訳注1]　『新装版 達人プログラマー 職人から名匠への道』(オーム社、2016) から引用。

データを複製することで起こる問題は、修正個所があちこちに分散してしまうことです。また、変更するときは、どこで複製していたかをすべて覚えておかなければいけません。地域コードリストの変更をある関数で行ったとき、その他の関数でそのデータが使われることを忘れていると、プログラムはうまく動かないでしょう。こういったことを避けるためには、いずれのデータも1カ所だけで扱うことです。

1つの関数には1つのことだけをさせよう

　どの関数にも、1つのことだけをさせるべきです。とても長い関数を見つけた場合、複数のタスクを達成しようとしていないかを再確認するべきです。1つのタスクだけを行う関数には、いくつもの利点があります。関数名が目的をよく表すようになるので、名前と実装が近くなり、コードを読みやすくなります。コードがうまく動かないときも、その関数は1つの目的しか持っていないので、どこがうまく動かないのか見つけて、その関数だけをデバッグ[訳注2]するのが簡単になるでしょう。「ソフトウェアの複雑さは、1つのことに2つのことをさせてしまうことから生じる」と多くの有名なプログラマーが考えています。

時間がかかりすぎるなら、たぶん何か間違えている

　膨大なデータを扱うような、明らかに複雑なことをしているのでなければ、プログラムの処理に時間がかかりすぎるときは、何か実装がおかしい、と疑いましょう。

最初に良い方法で実装しよう

　プログラミングしている最中に、「より良いやり方があることは知っているけれど、今はコーディング中だし、より良い方法を探すために中断したくない」と考えていませんか？ コーディングを中断しましょう。そして、より良いやり方を選びましょう。

［訳注2］デバッグとは、バグの原因を調べて修正することです。

第23章　プログラミングのベストプラクティス

慣例に従おう

　プログラミングの慣例、特に新しい言語の慣例を学ぶには時間がかかりますが、学ぶことでその言語のコードを早く読めるようになるでしょう。Pythonでコードを書くなら、PEP 8[注1]をぜひ読んでおくべきです。PEP 8はPythonのコーディング規約で、Pythonの改行の入れ方についてのルールなども書かれています。

強力なIDEを使おう

　この本では、Pythonに同梱されているIDLEというIDEを使ってコードを書いてきました。IDLEは、世の中にある多くのIDEの1つですが、十分に優れているとは言えないので長期間の利用はお勧めしません。たとえば、ほかのより優れたIDEでPythonのプロジェクトを開けば、Pythonファイルが自動的に開かれてタブ表示で配置されます。IDLEでは、新しいウィンドウをファイルごとに自分で開かなくてはいけません。これは手間のかかることだし、またファイル間での移動も面倒です。

　私は、JetBrains社が開発したPyCharmというIDEを利用しています。PyCharmには、Professional版（有料）とCommunity版（無料）があります。PyCharmの機能の中で、開発時間の短縮に役立ったものを一部紹介します。

1. 変数や関数、オブジェクトの定義を知りたいとき、PyCharmのショートカットキー操作ですぐにコードの定義位置にジャンプできます。これは、コード定義が異なるファイルにあっても動作します。また、元のページへ戻るショートカットキーもあります。

2. PyCharmにはファイル編集履歴の機能があります。これは生産性を劇的に向上させてくれました。PyCharmは、ファイルを変更するたびに

[注1]　https://www.python.org/dev/peps/pep-0008/
日本語版は以下。
http://pep8-ja.readthedocs.io/ja/latest/

自動的に新しいバージョンを保存します。リポジトリを意識せずに、PyCharmをバージョン管理システム代わりに利用できます。自動で行われるので、自分で何かをしておく必要はありません。問題の解決方法を模索するために、実装してみて、その実装を変更して試し、最初の実装に戻すことがしばしばあります。この機能があることを知る前は、最初の実装をコミットしておかなかったために、失った実装をもう一度書き直していました。この機能を利用すれば、10分前の状態に戻せるのです。異なる解決策を行ったり来たりと気の向くままに作業できるのです。

3. 実装中は、コードを書く位置をコピー&ペーストして移動することは非常によくあります。PyCharmではコピー&ペーストする代わりに、作業中のファイル上で簡単にコードを上下に移動できます。

4. PyCharmは、GitやSVNのようなバージョン管理システムをサポートしています。コマンドラインを利用する代わりに、PyCharmからGitを使えます。IDEとコマンドラインの間を行ったり来たりすることを少なくし、より高い生産性を手に入れましょう。

5. PyCharmには、コマンドラインとPython対話シェルが組み込まれています。

6. PyCharmには、デバッガーが組み込まれています。デバッガーは、コードの実行を途中で一時停止し、そこからプログラムを1行ずつ実行したり、そのときの変数の値をみたりできるプログラムです。

PyCharmの使い方に興味があれば、JetBrains社が用意しているチュートリアルを見てください[訳注3]。

```
https://www.jetbrains.com/help/pycharm/quick-start-
guide.html
```

[訳注3] 日本語訳されたPyCharmのクイックスタートガイドは2017年11月時点ではありません。説明の画像が多いので、翻訳サービスなどを併用して読んでみてください。
PyCharmを日本国内で販売するサムライズムが、Facebookでユーザーグループを運営しています。こちらで質問しても良いでしょう。
https://www.facebook.com/groups/178583459014413/about/

第23章　プログラミングのベストプラクティス

ロギング

ロギングとは、ソフトウェアの動作を記録することです。ロギングされた記録を見て、プログラムをデバッグするための情報を得たり、プログラムの実行中に内部で何が起きているかの詳細を得られます。Pythonが提供する`logging`モジュールを使えば、コンソールやファイルにログを記録できます。

プログラム内で何か異常が起きているなら、それを見過ごすわけにはいきません。あとで確認できるように、何が起きたのかの情報をログに残すべきです。ロギングは、データを収集し分析するときにも役立ちます。たとえば、ウェブブラウザからのリクエストをすべてログに記録するようなウェブサーバーが欲しかったりします。すべてのログに日時情報を付けて、データベースに保存しておけば、記録したデータを分析するためのプログラムを作り、ウェブサイトの訪問数を日時で集計してグラフ表示できるようになります。

ブロガーのHenrik Warne（ヘンリク・ウォーン）は、「素晴らしいプログラマーと酷いプログラマーの違いの1つは、ロギングしているか、そして、プログラムの異常が起きたとき容易にデバッグするツールを持っているかだ」と書いています。Pythonの`logging`モジュールの使い方は、公式ドキュメントで学べます。

```
https://docs.python.org/ja/3/howto/logging.html
```

テスト

プログラムの**テスト**とは、プログラムの動作を確認することです。確認するのは「設計と開発の要求に一致することであり、すべての入力に正しく反応すること、関数が適切な時間内で動作すること、十分に使いやすいこと、想定した環境にインストールできて実行できること、そして関係者が望む結果を得られること」です[注2]。プログラマーは、プログラムをテストするためのプログラムを書きます。

製品として出すのであれば、テストはやってもやらなくても良いものでは

....

[注2]　『Commercialization Secrets for Scientists and Engineers』
```
https://www.crcpress.com/Commercialization-Secrets-for-Scientists-
and-Engineers/Szycher/p/book/9781498730600
```

275

ありません。テスト前の状態というのは、あらゆるプログラムが未完成であると考えるべきです。一度しか使わない短いプログラムのためにテストを書いて時間をムダにする必要はありませんが、ほかの人が利用するプログラムのテストは書くべきです。有名なプログラマーたちは「テストされていないコードは、壊れているコードだ」と言っています。Pythonの unittest モジュールの使い方は、公式ドキュメントで学べます。

```
https://docs.python.org/ja/3/library/unittest.html
```

コードレビュー

コードレビューでは、誰かにコードを読んでもらい、フィードバック（意見）をもらいます。できるだけ多くコードレビューをすべきです。特に独学プログラマーには重要です。この章で紹介したベストプラクティスに従ったとしても、十分ではありません。あなたのコードを読み、何が間違っているかを意見してくれる、経験のある誰かが必要です。そうすることでコードを改善できます。

「Code Review」は、レビューを受けられるウェブサイト上のプログラマーコミュニティーです。誰でもCode Reviewに参加して、コードを投稿できます。Q&Aサイト（Stack Exchangeコミュニティー）のメンバーがあなたのコードをレビューし、フィードバックをくれます。どうするとコードを改善できるか、役に立つ提案をしてくれます。Code Reviewのサイトは以下です（英語）。

```
http://codereview.stackexchange.com/
```

セキュリティ

セキュリティは、独学プログラマーが無視しがちなことです。セキュリティは、面接で尋ねられたくない話題ですし、プログラミングの学習中は重要ではありません。ただ、プログラミングの仕事に就いたら、書いたコードのセキュリティについて責任を持つことになります。本節では、コードを安全に保ついくつかのコツを紹介します。

前の章で、コマンドをrootユーザー権限で実行する sudo コマンドについて学びました。必要ないときに sudo コマンドを使うと、実行しようと

第23章　プログラミングのベストプラクティス

しているプログラムの不具合を突いて、攻撃者がroot権限を手に入れてしまうかもしれません。rootユーザーでのサーバーへのログインも無効にしておきましょう。rootユーザーでのログインが可能なことはすぐに攻撃者に気付かれ、攻撃の対象になりやすいのです。

　ユーザーの入力には、悪意がある可能性を常に意識しておくべきです。悪意ある攻撃のいくつかは、ユーザー入力を処理するプログラムの脆弱性の上に成り立っています。このため、すべてのユーザー入力は悪意ある前提でプログラミングするべきです。

　ソフトウェアを安全に保つための戦略として、**攻撃対象領域**を最小限にする方法があります。攻撃対象領域とは、攻撃者がデータを盗み出したり、システムを攻撃できたりするプログラムのさまざまな領域です。攻撃される領域を可能な限り小さくすることで、プログラムの脆弱性を少なくできます。攻撃対象領域を最小化する、いくつかの戦略があります。（1）機密性の高いデータを保存しない（必要なければ）。（2）ユーザーに与えるアクセス権は、できるだけ小さくする。（3）サードパーティライブラリの利用をできるだけ避ける（コードが少ないほど、脆弱性も少ない）[訳注4]。（4）利用されなくなった機能を削除する（コードを減らし、脆弱性を減らす）。

　システムにrootユーザーでログインしないこと、ユーザーの入力を信用しないこと、そして攻撃対象領域を最小化することは、プログラムを安全に保つ重要な1歩です。しかし、初めの1歩に過ぎません。攻撃者になったつもりで考えることです。攻撃者がどうやってコードを悪用するだろうか、と考えることが、脆弱性を見過ごさないことに役立つでしょう。セキュリティは、本書に書かれている以上に学ぶことがたくさんあります。常にセキュリティについて考え、学びましょう。Bruce Schneier（ブルース・シュナイアー）は「セキュリティは心の持ちようだ」と言っています。

用語集

製品コード：人に利用される製品に含まれるコードのこと
製品化：ソフトウェアを製品に組み込み、コードが世の中に出るということ
DRY：自分で何度も繰り返すな、というプログラミングの原則。Don't Repeat Yourselfの頭文字
直交性：「この用語はコンピューティングの分野では、ある種の独立性、あ

277

るいは分離性を表しています。2つ以上のものごとで、片方を変更しても他方に影響を与えない場合、それらを直交していると呼びます。うまく設計されたシステムでは、データベースのコードはユーザー・インタフェースと直交しています。つまりデータベースに影響を与えることなくインタフェースを変更したり、インタフェースを変更することなくデータベースを交換できたりするのです」（訳注1参照）

デバッガー：コードの実行を途中で一時停止し、そこからプログラムを1行ずつ実行したり、そのときの変数の値を確認したりするプログラム

ロギング：ソフトウェアの動作を記録すること

テスト：プログラムの動作を確認すること。確認とは、「設計と開発の要求に一致することであり、すべての入力に正しく反応すること、関数が適切な時間内で動作すること、十分に使いやすいこと、想定した環境にインストールできて実行できること、そして関係者が望む結果を得られること」（注2参照）

コードレビュー：誰かにコードを読んでもらい、フィードバック（意見）をもらうこと

攻撃対象領域：攻撃者がデータを盗み出したり、システムを攻撃できたりするプログラムのさまざまな領域

［訳注4］サードパーティライブラリは第三者が作成したライブラリです。

第 23 章　プログラミングのベストプラクティス

メモ欄

PART 5

第**24**章

プログラマーとしての最初の仕事

他人の考える「現実」に気を付けろ。人が考える現実なんて不文律の
決め付けで満ちているのだから。

──Edsger W. Dijkstra（エドガー・ダイクストラ）

　本章から先は、仕事上の助けとなる内容を伝えていきます。プログラマー
としての最初の仕事を得ることは、普段以上の努力が求められますが、この
本のアドバイスに従えば問題はないでしょう。幸いなことに、最初のプログ
ラミングの仕事を得てからそれなりの経験を積むと、次の仕事を探すころに
はリクルーターの方から接触してくるかもしれません。

道を選ぶ

　プログラミングの仕事に応募するときには、ある一定の技術的素養を備え
ていることを期待されます。どんな技術的素養を求められるかは、その仕事
の領域によります。プログラミングを学びながらジェネラリスト（あらゆる
ことに手を出しているようなプログラマー）となり、ジェネラリストとして
仕事を得ることも可能でしょう。そして、自分が楽しめる領域を深堀りしな
がら、その分野のエキスパートになるとよいでしょう。何か1つの分野に集
中していると、仕事を得やすくなります。

　プログラミングの中でもっとも一般的な分野は、ウェブとモバイルの開発
です。ここには2種類のスペシャリストがいます。一方はフロントエンド、
そしてもう片方はバックエンドです。アプリケーションのフロントエンドと
は、ウェブアプリのGUIのようなものです。バックエンドは、フロントエ
ンドにデータを提供する部分を指し、画面として見ることはできません。公
募されているプログラミングの仕事として見かけるのは「Pythonのバック
エンドプログラマー」といった職種です。つまり、ウェブサイトのバックエ
ンドを実装[訳注1]できて、Pythonに精通しているプログラマーを募集してい

280

第24章　プログラマーとしての最初の仕事

るということです。業務内容には、必須の技術スキルと、あると望ましいスキルについて記載されているでしょう。

　会社によっては、フロントエンドに専念するチームと、バックエンドに専念するチームがあります。また、フルスタックエンジニアと言われるような、フロントエンドもバックエンドもすべてできるプログラマーだけを募集している会社もあります。ウェブサイトやアプリを開発しているような会社がこれに当てはまります。

　プログラミングの仕事には、ほかにもたくさんの領域があります。たとえばセキュリティ、プラットフォーム、データサイエンスなどです。プログラミングの仕事が掲載されたサイトの業務内容を見ることで、さまざまなプログラミングの仕事で必要とされるスキルが分かります。

　以下にあるPythonジョブボードをまずは見てみるとよいでしょう[訳注2]。

```
https://www.python.org/jobs
```

　ここで使われている技術とともに仕事の要件を読むことで、自分が望む仕事を得るには何を学ぶ必要があるのか、というヒントが得られるでしょう。

経験しよう

　初めてのプログラミングの仕事に就くための条件として、プログラミングの経験を求められることがあります。まだプログラミングの仕事をしたことがないとしたら、どうやってその経歴を手に入れたらよいのでしょうか？

　この問題を解決するにはいくつか方法があり、オープンソース活動に参加するのが、その1つです。GitHubにある何千ものオープンソースプロジェクトのいくつかにボランティアとして参加してもよいですし、自分で新しくオープンソースプロジェクトを始めてもよいでしょう。

　これらのほかにも、フリーランスで仕事をする方法があります。Upworkのようなサイトにプロフィールを登録しておき、小さいプログラミングの仕事に応募してみましょう[訳注3]。誰か知り合いにプログラマーを必要として

....

[訳注1]　期待通りに動作するプログラムを作成することです。
[訳注2]　日本の情報もあります。
　　　　　http://www.python.jp/category/jobboard.html
[訳注3]　日本では、ランサーズ（http://www.lancers.jp/）や、クラウドワークス（https://crowdworks.jp/）などが有名です。

281

いる人がいたら、彼らにもUpworkに登録してもらってUpwork経由でその仕事をするとよいでしょう。そして、その仕事の評価をサイト上に残してもらうのです。そのサイトでよい評価が少なくとも1つはないと、ほかの仕事を得ることは難しいのです。仕事を少なくも1つはきちんと終えていることが分かれば、信頼感が増すため次の仕事を得やすくなるでしょう。

面接を受ける

オープンソース開発であれ、フリーランスの仕事であれ、プログラミングの経験を積んでから、就職のための面接を受けましょう。面接を受ける機会を得るためには、LinkedInに注目するのがもっとも効率的だと思います。もしLinkedInのアカウントがないならさっそく作って、雇用主になりそうな人とのネットワークづくりを始めましょう。自分自身についての経歴をまとめて、プロフィールの一番上に掲載しておきます。

特に、プログラミングスキルを目立たせることを忘れないようにしてください。ほかの人のプロフィールを見ると、たくさんの人が「プログラミング言語」について書いているのに気付くと思います。プロフィールの最初にPythonやJavaScriptなどが書かれていて、リクルーターがそのキーワードを見つけやすいようにしています。最近の仕事として、フリーランスやオープンソースでの開発経験を書くことも忘れないようにしましょう。

プロフィールが完成したら、技術系のリクルーターにコネクト[訳注4]依頼を出しましょう。LinkedInにはたくさんの技術系リクルーターがいます。彼らは常に新しい人材を探していて、新しい人材とコネクトしたがっています。彼らがコネクト依頼を承認してくれたら、コンタクトをとりオープンポジション[訳注5]がないか尋ねてみましょう。

面接

会社で雇いたいと思うスキルとあなたのスキルが合っているとリクルータ

[訳注4]　コネクトはLinkedInの用語。Facebookの「友達になる」に相当します。
[訳注5]　オープンポジションとは、あらかじめポジションを定めず、選考を通じて配属先を決めることです。

第24章 プログラマーとしての最初の仕事

ーが思ってくれたら、LinkedInでメッセージが送られてきて、電話面接を求められます。電話はリクルーターと行うものなので、通常は技術の話ではありませんが、私の経験では、何人かのリクルーターは（雇用主のために）答えを丸暗記して技術的な質問をしてくることもありました。面接の内容は習得している技術のこと、前職での経験、会社の文化に合っているかどうか、といったことを見られます。

うまくいくと第2ステージが待っています。次は技術的な電話面接で、開発チームのメンバーと話すことになります。彼らは最初の面接と同じ質問をするでしょう。しかし今回は技術的な試験も伴います。プログラミングの問題が書かれたURLを渡されて、それを解くことを求められます。

第2ステージを通過すると3度目の面接に進みます。3度目は通常、会社のオフィスで実際に会って、開発チームの別のエンジニアと会います。彼らはスキルや経験について質問し、技術的なテストを行うでしょう。時には、チームメンバーとどのようにやりとりするかを見るため、一緒にランチに行くかもしれません。第3ステージは有名なホワイトボードコーディングテスト（ホワイトボーディング）[訳注6] があるかもしれません。ホワイトボーディングでは、いくつかのプログラミングの問題を解くように求められます。その場合、事前にホワイトボードを買って練習しておくことをお勧めします。というのも、ホワイトボード上でプログラミングの問題を解くのはコンピューター上で行うよりもずっと難しいからです。

面接をハックする

多くのプログラミングの面接では、データ構造とアルゴリズムに焦点を当てています。プログラミングの面接を通過するには、コンピューターサイエンスのこの2つの分野において上達しておくべきでしょう。幸い、この2つの分野を学ぶことは、より良いプログラマーになるのに役立ちます。

面接官の視点から面接について考えると、どんな質問をされるか想像できるはずです。面接官の状況を考えてみてください。彼らは、ソフトウェアは決して完璧になることはないと言いますが、その通りでしょう。彼らは普段

[訳注6] 日本語では「ホワイトボードテスト」「ホワイトボードプログラミング」と言ったりします。

283

多くの仕事を抱えていて、候補者との面接にそれほど多くの時間を割きたい
わけではありません。彼らは貴重な時間を割いて、面接のために新しいプロ
グラミングの質問を考えたいでしょうか？ おそらく違うでしょう。彼らは
Googleで「プログラミング　採用面接　質問」を調べ、最初に見つけたも
のを質問します。このため、同じ質問が何度も繰り返されることになります。
つまり練習するのにちょうど良い材料がそこにあるということです。
LeetCode [訳注7] というサイトを使うことを強くお勧めします。プログラミ
ングの面接で私が聞かれたすべての質問をそこで見つけました。

[訳注7] LeetCode (https://leetcode.com) はプログラミング面接の準備を行うためのプラ
ットフォームです。

第24章 プログラマーとしての最初の仕事

メモ欄

PART 5

第**25**章

チームで働く

素晴らしいチームなしでは素晴らしいソフトウェアは生まれない。チームは崩壊しやすく、相互理解が本当に重要だ。

——Jim McCarthy（ジム・マッカーシー）

　ここまで独学してきた経験から、プログラミングを一人で行うことに慣れたところでしょう。でも、どこかの会社に所属したら、チームで働くことを学ぶ必要があります。もし会社を立ち上げるのだとしても、プログラマーを雇うことになるため、この場合でもチームで働くことを学んでおく必要があります。プログラミングはチームスポーツであり、ほかのチームスポーツと同じようにチームメイトとうまくやっていくことが求められます。この章では、チームの環境でうまくやっていくためのコツを提供します。

基本をマスターする

　会社があなたを雇うとき、本書に書かれている範囲の技術を押さえていることが期待されます。単にこの本を読んだということではなく、概念をマスターしていることも求められます。とても基本的なことに助けが必要な状態でチームに参加すると、チームメイトをイライラさせてしまうでしょう。

Google検索できることを質問しない

　独学の新人として開発チームに参加したなら、まだまだ学ぶことは多く、また分からないことについて質問する機会もたくさんあるでしょう。質問することは学ぶのに良い方法ですが、正しい質問ができているかは確認しておきたいところです。少なくともGoogleで5分は調べてから質問しましょう。自分で簡単に解決できるような質問をたくさんしてしまうと、チームメイトを煩わせることになってしまいます。

286

第 25 章　チームで働く

コードを変更する

　この本を読むことで、常に上を目指す人物であるということを周囲に示せます。ただ、より良いプログラマーになりたいという熱意をすべての仲間と共有することは、残念ながら難しいでしょう。多くのプログラマーは学び続けたいと思ってはおらず、彼らは最高ではなくとも適切であれば良いと考えているのですから。

　スタートアップ企業では特に、悪いコードをよく見かけます。スタートアップ企業では、速やかにコードを動かすことが、質の良いコードを動かすことよりも重要だとされています。もしそんな状況に陥っていたら、気を付けて状況を見極めましょう。誰かのコードを変更することは、その人の自尊心を傷付けるかもしれません。さらに悪いことに、長い時間をかけてほかの人のコードを直して、新しいプロジェクトに割く時間が十分に取れなかったとしたら、十分に働いていないと見なされるかもしれないのです。

　このような事態を避ける最善の方法は、面接を受ける会社に対し、その会社のエンジニア文化について尋ねておくことです。それでもまだそのような状況に陥ってしまったのであれば、Edward Yourdon（エドワード・ヨードン）の教えに従いましょう。「もし、会社の経営者が自分たちが何をやっているのか分かっていなかったり、あなたが恥じるような質の悪いソフトウェアを出してしまったと感じるのなら、その組織を去るべきだ」

詐欺師症候群 [訳注1]

　プログラミングをすると、誰でも時に困惑することがあります。そして、どんなに一所懸命に取り組んでも分からないことも出てきます。独学プログラマーであれば、無力さを感じることはよくあるでしょう。というのも、まだ聞いたことがないことを求められたり、まだ理解できていないコンピューターサイエンスの概念がたくさんあるような気がするからです。このようなことは誰にでも起こります。

　スタンフォード大学のコンピューターサイエンスの修士を持つ友人が、同

[訳注1]　詐欺師症候群（インポスターシンドローム）とは、自分の能力や実績を自分で認められない、自己評価が異常に低い心理状態、傾向のことです。

じように感じていると明かしたときには驚きました。彼が言うには、みんな多かれ少なかれ自己評価が異常に低い心理状態に陥っていた、と言うのです。彼によると、そうなった人の対処法は、2つに分かれるそうです。1つは、謙虚な姿勢を保ち、何か知らないことがあったらそれを認めた上で学んでいく。もう1つは、（知らないことも）すべて知っているフリをして、学ぶのをやめてしまう。

　あなたは今、熱心に働ける場所にいることを忘れないでください。すべてを知っている必要はないのです。だって、そんな人はいませんから。謙虚な姿勢を保ち、分からないことはしつこく学びましょう。それを継続することで、きっと皆が一目を置くような、素晴らしいプログラマーになれるのです。

第25章　チームで働く

メ モ 欄

PART 5
第26章

さらに学ぼう

最高のプログラマーは、単に良いプログラマーと比べて比較的良いというのではない。コンセプトの創造、スピード、デザインの創造力、問題解決能力といった、いかなる基準で測っても桁違いに良いのだ。
―― Randall E. Stross（ランダル・E. ストロス）

　「ABC：Always Be Coding（いつもコーディングしている）」というDavid Byttow（デイビッド・バイタウ）による記事は、ソフトウェアエンジニアとしてどのように仕事を得るかについて、とても良いアドバイスをしてくれています。そのタイトルがすべてを言い尽くしています。つまり、いつもコーディングをすることです。次のURLがその記事です。

`https://medium.com/always-be-coding/abc-always-be-coding-d5f8051afce2#.2hjho0px7`

　もしABCと私の作った略語である「ABL：Always Be Learning（いつも学んでいる）」を合わせられれば、非常に素晴らしいキャリアをきっと持てるでしょう。この章では、プログラミングに役立つ情報をいくつか紹介します。

古典で学ぶ

　必読といえるプログラミングの本が何冊かあります。アンドリュー・ハントとデイブ・トーマスによる『達人プログラマー』、エリック・ガンマ、ジョン・ブリシディース、ラルフ・ジョンソン、そしてリチャード・ヘルムによる『オブジェクト指向における再利用のためのデザインパターン』（デザインパターンはとても重要なテーマですが、本書では取り上げる機会がありませんでした）、スティーブ・マコネルによる『Code Complete 完全なプログラミングを目指して』、アルフレッド・エイホ、ジェフリー・ウルマン、モニカ・S・ラム、そしてラビ・セシィによる『コンパイラ―原理・技法・

第26章 さらに学ぼう

ツール』、さらにMITプレスによる『アルゴリズムイントロダクション』。
ほかにも『Problem Solving with Data Structures and Algorithms』（未
邦訳）を強く勧めます。これは無料のアルゴリズム紹介で、ブラッドリー・
N・ミラーとデイビッド・L・ラナムによるものです[訳注1]。対話型で内容も
素晴らしく、MITによる『アルゴリズムイントロダクション』よりずっと
簡単に理解できます。

オンライン授業で学ぶ

コーディングについてのオンライン授業は、プログラミングスキルを上達
させる、もう1つの方法です。次のウェブページに、お勧めするオンライン
授業サイトを掲載しています[訳注2]。

https://theselftaughtprogrammer.io/courses

ハッカーニュース

ハッカーニュース[訳注3]は、ユーザーが投稿するニュースのプラットフォ
ームで、技術インキュベーターであるYコンビネーターが運営しています。

https://news.ycombinator.com

このウェブサイトは、最新のトレンドや技術を知るのに役立ちます。

[訳注1] 英語版のPDFは以下から見られます。
https://www.cs.auckland.ac.nz/courses/compsci105s1c/resources/Prob
lemSolvingwithAlgorithmsandDataStructures.pdf
また、Pythonを用いた『Problem Solving with Algorithms and Data Structures using Python』
も以下から見られます。
http://interactivepython.org/runestone/static/pythonds/index.html
[訳注2] 日本語で受講できるオンラインコースには以下があります。
ノンプログラマーが始めるPython: https://www.udemy.com/python-j/
実践 Python データサイエンス: https://www.udemy.com/python-jp/
[訳注3] Hacker Newsの記事は一部日本語に翻訳されています。
http://postd.cc/

291

PART 5

第**27**章

次のステップ

学んだことを交換してみよう、それは意義のあることになるだろう。
——Marcus Aurelius（マルクス・アウレリウス）

　まず、この本を購入してくれたことに感謝します。より良いプログラマーになる助けとなることを願っています。さて、読み終えた今、いよいよ本題に入りましょう。これからどこへ向かいたいですか？ データ構造とアルゴリズムなら、第24章で紹介したLeetCodeを利用してアルゴリズムを練習しましょう。そして、もっともっと練習しましょう。この章では、プログラマーとしていかに継続的に成長していくかについて、最終的な考えを伝えます。

メンターを見つけよう

　メンターは、あなたが次のレベルへ進むために、プログラミングスキルを身に付けるのを手伝ってくれるでしょう。プログラムを学ぶときに難しいことの1つは、よく理解しないままでもいろいろなことができてしまうことです。そのような問題は、メンターによるコードレビューで避けられるでしょう。メンターはコードレビューをすることで、弟子のプログラミング手順を改善したり、本を推薦したり、未知のプログラミングの概念を教えてくれたりします。

本質を探る努力をしよう

　プログラミングにおける概念の1つに「ブラックボックス」があります。これは、使い方は分かるけれど、どのように動いているかを理解していない事柄を指します。プログラミングを始めたときは、すべてのものがブラックボックスでしょう。

　プログラミングが上達する方法の1つは、目に留まるあらゆるブラックボ

第27章　次のステップ

ックスを開けてみて、どのように動くかを理解してみることです。友人の一人が、コマンドラインそのものがプログラムであることに気付いたときこそ、「なるほど！」とアハ体験した瞬間だったと話してくれました。ブラックボックスを開けることは、本質を探ることにつながります。

　この本を書くことは、私にとって、「本質を探ること」でした。理解していると思っていたいくつかの概念が、実は説明できないということに気付かされました。1つの答えだけで終わるのではなく、すべての説明を読むようにしましょう。インターネット掲示板やチャットを利用して質問をしたり、別の意見を読むようにしましょう。

　本質を探るためもう1つの方法は、理解を深めたい事柄を実際に作ってみることです。たとえば、バージョン管理が分からなくて困っているなら、シンプルなバージョン管理システムを自分で作ってみましょう。そのようなプロジェクトに時間をかけて取り組むことは、十分に投資する価値があります。苦労していることへの理解を深めてくれるでしょう。

アドバイスを得よう

　あるフォーラムで、良いプログラマーになるためのさまざまな方法について議論していたことがあります。もっとも同意を得ていたのは、プログラミング以外のことをする、でした。初めは驚きましたが、今は本当にそうだな、と思います。たとえば、Daniel Coyle（ダニエル・コイル）による『The Talent Code』（未邦訳）のような本を読むことは、私をより良いプログラマーにしてくれました。その本は、スキルを身に付けるのにまさに必要なことを示してくれていたからです。あなたのプログラミングに役立つ、プログラミング以外のネタに目を向けてください[訳注1]。

　最後のアドバイスとして、ほかの人のコードを読むことに、できるだけ多くの時間を費やしてください。これは、プログラマーとして上達するのに最適な方法です。プログラミングを学ぶときは、コードを書くことと読むことのバランスを取りましょう。他人のコードを読むことは、最初は難しいことかもしれません。しかし重要なことです。ほかのプログラマーから学ぶこと

[訳注1]　邦訳されている同系統の書籍として『SOFT SKILLS　ソフトウェア開発者の人生マニュアル』（日経BP社、2016）があります。

293

はとても多くあります。

　私が本を書くのを楽しんだのと同様に、本書を読むことを読者の皆さんが楽しんでくれたことを願っています。どうぞ気軽に私にメールを送ってください。アドレスは cory@theselftaughtprogrammer.io です。プログラミングのニュースレターを発行しているので、登録してみてください。https://theselftaughtprogrammer.io でサインアップするか、Facebookグループ https://www.facebook.com/groups/selftaughtprogrammers を利用できます。私や、プログラミングを学ぶほかの人たちのコミュニティと接点を持てる場所です。

　もしこの本を気に入ってくれたら、Amazonにレビューを残してください。https://www.amazon.com/dp/B01M01YDQA#customerReviews [訳注2] です。より多くの人にこの本が届くことにつながりますし、またどんなレビューも感謝しています。

　これからの冒険が、きっと楽しいものになることを願っています。

[訳注2]　日本語版（本書）のAmazonのレビューページは以下です。
　　　　https://www.amazon.co.jp/dp/4822292274/#customerReviews

第6部

PART 6

補章：より良いコードにするために

　ここでは、「第15章　知識を1つにまとめる」で学んだ「戦争」ゲームの
コードを一部修正したものを訳者が示します。

　第15章で示したコードには、冗長と思われる個所、名前をより的確なも
のにした方がいいと思われる個所、使われていない変数がありました。それ
らを修正した例を参考までに示します。

　変更を施した個所は、コード内にて灰色で示しています。

　主な変更点は以下の通りです。

●Cardクラス（冗長なコードを変更）

　・変更前

```
        if self.suit < c2.suit:
            return True
        else:
            return False
```

　・変更後

```
        return self.suit < c2.suit
```

　・変更前

```
        if self.suit > c2.suit:
            return True
        else:
            return False
```

296

補章

・変更後

```
return self.suit > c2.suit
```

●Deckクラス（名前を適切なものに変更）

・変更前

```
def rm_card(self):
```

・変更後

```
def draw(self):
```

●Gameクラス（名前を適切なものに変更。冗長なコードを変更）

・変更前

```
def wins(self, winner):
    w = "このラウンドは {} が勝ちました"
    w = w.format(winner)
    print(w)

def draw(self, p1n, p1c, p2n, p2c):
    d = "{} は {}、{} は {} を引きました"
    d = d.format(p1n, p1c, p2n, p2c)
    print(d)
```

・変更後

```
def print_winner(self, winner):
    w = "このラウンドは {} が勝ちました"
    print(w.format(winner.name))

def print_draw(self, p1, p2):
    d = "{} は {}、{} は {} を引きました"
    print(d.format(
        p1.name, p1.card, p2.name, p2.card))
```

297

●Gameクラス（Player.cardを使うようにコード変更、print_drawに渡すオブジェクトは名前ではなくPlayerそのものに変更）

・変更前

```
            p1c = self.deck.rm_card()
            p2c = self.deck.rm_card()
            p1n = self.p1.name
            p2n = self.p2.name
            self.draw(p1n, p1c, p2n, p2c)
            if p1c > p2c:
                self.p1.wins += 1
                self.wins(self.p1.name)
            else:
                self.p2.wins += 1
                self.wins(self.p2.name)
```

・変更後

```
            self.p1.card = self.deck.draw()
            self.p2.card = self.deck.draw()
            self.print_draw(self.p1, self.p2)
            if self.p1.card > self.p2.card:
                self.p1.wins += 1
                self.print_winner(self.p1)
            else:
                self.p2.wins += 1
                self.print_winner(self.p2)
```

「戦争」のコードすべて（変更後）

```
    from random import shuffle


    class Card:
        suits = ["spades", "hearts", "diamonds", "clubs"]

        values = [None, None,
```

補章

```python
                        "2", "3", "4", "5", "6", "7", "8", "9",
                        "10", "Jack", "Queen", "King", "Ace"]

    def __init__(self, v, s):
        """スート（マーク）も値も整数値です"""
        self.value = v
        self.suit = s

    def __lt__(self, c2):
        if self.value < c2.value:
            return True
        if self.value == c2.value:
            return self.suit < c2.suit
        return False

    def __gt__(self, c2):
        if self.value > c2.value:
            return True
        if self.value == c2.value:
            return self.suit > c2.suit
        return False

    def __repr__(self):
        v = self.values[self.value] + " of " + \
            self.suits[self.suit]
        return v


class Deck:
    def __init__(self):
        self.cards = []
        for i in range(2, 15):
            for j in range(4):
                self.cards.append(Card(i, j))
        shuffle(self.cards)

    def draw(self):
        if len(self.cards) == 0:
            return
        return self.cards.pop()


class Player:
    def __init__(self, name):
        self.wins = 0
```

299

```python
        self.card = None
        self.name = name


class Game:
    def __init__(self):
        name1 = input("プレーヤー1の名前 ")
        name2 = input("プレーヤー2の名前 ")
        self.deck = Deck()
        self.p1 = Player(name1)
        self.p2 = Player(name2)

    def print_winner(self, winner):
        w = "このラウンドは {} が勝ちました"
        print(w.format(winner.name))

    def print_draw(self, p1, p2):
        d = "{} は {}、{} は {} を引きました"
        print(d.format(
            p1.name, p1.card, p2.name, p2.card))

    def play_game(self):
        cards = self.deck.cards
        print("戦争を始めます!")
        while len(cards) >= 2:
            m = "q で終了、それ以外のキーでPlay:"
            response = input(m)
            if response == 'q':
                break
            self.p1.card = self.deck.draw()
            self.p2.card = self.deck.draw()
            self.print_draw(self.p1, self.p2)
            if self.p1.card > self.p2.card:
                self.p1.wins += 1
                self.print_winner(self.p1)
            else:
                self.p2.wins += 1
                self.print_winner(self.p2)

        win = self.winner(self.p1, self.p2)
        print("ゲーム終了、{} の勝利です!".format(win))

    def winner(self, p1, p2):
        if p1.wins > p2.wins:
            return p1.name
```

300

```
        if p1.wins < p2.wins:
            return p2.name
        return "引き分け!"

game = Game()
game.play_game()
```

補章：継続して学ぶために

　ここでは、本書でプログラミングの基本知識・ノウハウを学んだあとに役立つ読み物やQ&Aサイト、コミュニティ、学習サイトを訳者が紹介します。

Python関連のプログラミング書籍やウェブサイト

『退屈なことはPythonにやらせよう － ノンプログラマーにもできる自動化処理プログラミング』（オライリー・ジャパン、2017）
https://www.oreilly.co.jp/books/9784873117782

　Pythonを使ってプログラミングを学ぶ本。プログラミングを覚えたら、何ができるようになるのか、実現できることが分かります。前半はPythonの入門で、プログラムの動作をフローチャート付きで分かりやすく紹介したり、ちょっとしたツールやゲームの実装を織り交ぜて説明しているのでイメージが付きやすくなっています。後半ではExcelやWordのファイル操作、CSV処理、メール送信、ウェブスクレイピングなど多くの仕事に使えそうな実例でライブラリの使い方を学ぶ構成になっています。

『プログラムの絵本 プログラミングの基本がわかる9つの扉』（翔泳社、2017）
https://www.shoeisha.co.jp/book/detail/9784798146744

　そもそもコンピューターの中で何が起きているのか、から始まる本です。OSの役割、バイナリ、コンパイラ、インタプリタ、アセンブラ、メモリーといった、コンピューターの基礎知識を紹介しています。Pythonは登場しませんが、5章ではプログラミング言語の基本要素、条件分岐や繰り返しといった概念が図解で分かりやすく紹介されています。

『いちばんやさしいPythonの教本 人気講師が教える基礎からサーバサイド開発まで』（インプレス、2017）
https://book.impress.co.jp/books/1116101151

補章：継続して学ぶために

Pythonのインストール、エディタの使い方、コマンドラインの使い方など、初めてプログラミングに触れる方向けに図を多く使い、手順を分かりやすく紹介しています。

『**Python Boot Camp Text**』（CC BY 4.0）

http://pycamp.pycon.jp/index.html

PyCon JP が公開しているPython入門者向けの研修テキストで、ウェブサイトで公開されています。インストールやプログラムの書き方などについて、シンプルにまとまっています。

『**Pythonチュートリアル**』（Python Software Foundation）

https://docs.python.org/ja/3/tutorial/index.html

Pythonの始め方について、ウェブサイトで紹介されています。これまで全くプログラミングをしたことがない、という方には少し難しいかもしれません。本でじっくり読みたい方は、同じタイトルの書籍も出版されています。

『**みんなのPython 第4版**』（SBクリエイティブ、2016）

http://www.sbcr.jp/products/4797389463.html

Python言語入門者向けに、分かりやすく紹介しています。プログラミングの知識を多少持っている人向けです。Python言語が持つ多くの機能について、幅広く丁寧に紹介しています。

Python関連の開発全般について紹介する書籍やウェブサイト

『**Pythonエンジニア ファーストブック**』（技術評論社、2017）

http://gihyo.jp/book/2017/978-4-7741-9222-2

スクレイピング、データ分析、ウェブ開発など、仕事でPythonを使って開発する際に必要な知識、開発の流れ、環境の構築などを紹介しています。

『**Pythonプロフェッショナルプログラミング第2版**』（秀和システム、2015）

http://www.shuwasystem.co.jp/products/7980html/4315.html

Pythonを使って仕事をしていくためのノウハウ本です。ウェブアプリ開発の始め方、チーム開発手法、デプロイの自動化、ドキュメント、自動テス

303

ト、など入門から先の、Pythonに関連した「環境」をどう扱っていくのか
をまとめています。

『エキスパートPythonプログラミング 改訂2版』（アスキードワンゴ、2018）
https://store.kadokawa.co.jp/shop/g/g301801000262/
　卓越したPythonプログラマになるための必読書です。本書、独学プログ
ラマーでは触れていない、Pythonの高度な話題やベストプラクティスを紹
介しています。

ツールなどに関する書籍やウェブサイト

『わかばちゃんと学ぶ　Git使い方入門〈GitHub、Bitbucket、SourceTree〉』
（シーアンドアール研究所、2017）
http://www.c-r.com/book/detail/1108
　Gitを使ったことがない、初めてプログラミングを始める人や、プログラ
マーと同じツールを使う必要のある方など、Gitを使った作業の流れやコマ
ンドを覚えたい方向けです。マンガと実践を織り交ぜて、分かりやすく紹介
しています。

**『Web制作者のためのGitHubの教科書 チームの効率を最大化する共同開発
ツール』**（インプレス、2014）
https://book.impress.co.jp/books/1114101005
　ウェブ制作におけるGitHubの使い方について、実際のワークフローをイ
メージしながら理解できる解説書です。実際にGitHubをどのように使うの
か、その途中途中で必要になるGitの操作や、今どのような状態になってい
るのかを図で分かりやすく紹介しています。

『Learn Git Branching』（MITライセンス）
https://learngitbranching.js.org/
　Gitでリポジトリを操作する方法についてのチュートリアルで、コマンド
操作を学べるウェブサイトです。また、NODEMOのリンクを選べば、自
由にGitコマンドを入力して、その結果どのようにコミットやブランチが変
化していくのかを視覚的に確認できます。

補章：継続して学ぶために

『アルゴリズムの絵本』（翔泳社、2003）

https://www.shoeisha.co.jp/book/detail/9784798104522

　分かりやすいイラストでアルゴリズムを解説していて、直感的に理解できます。if文やfor文といった制御構文の動きや、データの変化、関数の使いどころといったプログラミングの基礎も含めて紹介しています。

『アルゴリズム図鑑 絵で見てわかる26のアルゴリズム』（翔泳社、2017）

https://www.shoeisha.co.jp/campaign/book/algorithm/

　アルゴリズムを絵で見て理解するための本です。基本的なアルゴリズムとデータ構造についてイラストで紹介しています。アルゴリズムを使うことでデータがどのように変わっていくのか、どのような結果が得られるのかを紹介しています。

『Python Tutor』

http://pythontutor.com/

　Pythonプログラムの動作を、視覚的に確認できるウェブサイトです。Pythonコードを書いて、1ステップずつ実行しながら、データがどのように変化しているのかを把握できます。サイトは英語で書かれていますが、使い方は難しくありません。"Visualize your code and get live help now"のリンクから始めましょう。

『explainshell.com』

https://explainshell.com/

　Bashのコマンドラインに入力するさまざまなコマンドがどのような構造なのか、フラグにはどのような意味があるのかを視覚的に確認できるウェブサイトです。詳細な説明も表示できます（英語）。

『詳説 正規表現 第3版』（オライリー・ジャパン、2008）

https://www.oreilly.co.jp/books/9784873113593/

　正規表現の考え方から実用的なサンプルまで、正規表現のすべてを網羅した解説書です。Pythonついては触れられていませんが、言語に依存しない基本的な考え方を紹介しています。

正規表現の視覚化ツール

https://www.debuggex.com/
https://regex101.com/

　正規表現がどのように文字を解釈していくのかを視覚的に表示します。また、文字列へのマッチ状態も確認できます。

プログラミングの基礎、エッセイ

『[改訂新版] これからはじめるプログラミング 基礎の基礎』（技術評論社、2008）

http://gihyo.jp/book/2009/978-4-7741-3710-0

　言語に依存しないプログラミングの非常に読みやすい解説本です。プログラミングとは人間がコンピューターに1つずつすべての手順を教える手段だということを具体的な例を通して紹介している、「プログラミングの考え方」を学べる本です。プログラミング言語はほとんど登場しません。改訂版『これからはじめるプログラミング 作って覚える基礎の基礎』（技術評論社、2016）ではより具体的に理解できるようにプログラミング言語として「Scratch」を採用しています。

『新装版 達人プログラマー 職人から名匠への道』（オーム社、2016）

http://shop.ohmsha.co.jp/shopdetail/000000004729/

　プロのプログラマーとして仕事をしていくために必要な、生産性の高いプログラマーになるための多くの実践的な手法を紹介しています。この手法は入門者かベテランかに関わらず、物作りのさまざまな場面で役立ちます。

『SOFT SKILLS　ソフトウェア開発者の人生マニュアル』（日経BP社、2016）

http://ec.nikkeibp.co.jp/item/books/P51550.html

　プログラマーとしてキャリアを築く、自分を売り込む、戦略を立てて面接を受ける、学び続ける、体と心を鍛える、お金に強くなる。プログラマー人生を送るために必要な、プログラミング以外のスキルについて数多く紹介しています。特に、「第27章 学び方を学ぶ: 独学の方法」は独学プログラマー必見です。

補章：継続して学ぶために

『ハッカーになろう（How To Become A Hacker）』

`http://cruel.org/freeware/hacker.html`

　プログラミングとどう向き合うのか、なぜPythonを選択するのか、について紹介しています。多くの人がこのエッセイを読んでPythonを使い始めました。

プログラミングについてのQ&Aサイト

　1問1答形式のQ&Aサイトを紹介します。分からないことはこのサイトで質問すると答えが得られるかもしれません。ただ質問するのではなく、質問の仕方を工夫して、回答してくれる人が質問内容を読むだけで対応できるようにしましょう。また、入門者にある多くの疑問は、すでに回答が投稿されていることもあります。まずは検索してみましょう。

Stack Overflow

`https://ja.stackoverflow.com/`

teratail

`https://teratail.com/`

日本のPythonコミュニティの一覧

　複数のコミュニティが活発に活動しています。以下のサイトには、各コミュニティの紹介や、メーリンクリストやチャットへの参加方法などが掲載されています。

`http://www.python.jp/pages/community.html`

プログラミング学習サービスなど

PyQ

`https://pyq.jp/`

　自学自習を目的としたPythonに特化した学習サービスで、プログラミング初心者が1からプログラミングを学べます。プログラムの作成と実行など

307

はすべてウェブブラウザだけで行えます。課題は段階的にプログラミングを
学べるように設定されていて、身に付いていないと感じたら何度でも課題に
再挑戦できます。多くの課題があり、機械学習やウェブアプリケーション開
発なども扱っています。

ProjectEuler

```
https://projecteuler.net/
```

400以上のプログラミング課題を公開しているウェブサイトです。英語の
サイトで、難易度はプログラミング入門者向けではありませんが、世界的に
知られていて多くのプログラマーが課題に挑戦しています。

CheckIO

```
https://checkio.org/
```

ゲーム感覚でプログラミングを学べるウェブサイトです。Pythonでプロ
グラミング課題を進めることでスキルが上がり、次のステージに進むことで
段階的に新しい課題に挑戦できます。メニューは英語ですが、課題は日本語
で提供されています。

Paiza

```
https://paiza.jp/
```

プログラミングスキルの判定や、プログラミングの学習など、複数のサー
ビスを提供しているウェブサイトです。スキル判定には解説や解答などはな
く、純粋にスキルレベルがどのくらいで評価されるかを知るのに良いでしょ
う。学習コンテンツでは、動画による数分の講義と、ウェブブラウザ上で直
接実行できる演習機能が提供されています。

補章

謝辞

　この本を書き終えることに協力してくれた皆さんに感謝します。私の両親
アビーとジェームスは、この本を執筆しているとき、いつも助けてくれまし
た。父はこの本の隅から隅まで目を通してくれ、素晴らしい意見をくれまし
た。彼なしではこの本を書ききれなかったでしょう。私の彼女ローレン・ワ
ーデルは、私が執筆中で忙しくしている間、よく我慢してくれました。素晴
らしくセンスのいいイラストレーターのブレーク・バウアーズ、この本の編
集者であるスティーブ・ブッシュ、マデリーン・ルース、パム・ワラトカ、
ローレンス・サンフィリッポ、全員に感謝します。友人のアントワーヌ・シ
ンドゥーにも。彼との議論のいくつかは、この本に盛り込まれました。
Kickstarter [訳注1] でのプロジェクトを支えてくれ、私をパム（ワラトカ）に
紹介してくれたランディ・フェナーにも感謝します。以前に働いていた
eBayで、私のボスであり、いつも支えになってくれたアンザー・アファク
に感謝します。未完成状態だった本書を読んでフィードバックをくれたベー
タ版の読者の皆さんには、本当に感謝します。

　最後に、Kickstarterでこの出版プロジェクトに資金を出してくれた皆さ
ん、特に、ジン・チュン、サニー・リー、リー・フォレストに感謝します。
みんなありがとう！

[訳注1]　Kickstarter（キックスターター）は、アイディアを持つ人がプロジェクトを実現するた
　　　　めに資金を募るプラットフォームです。著者のコーリー・アルソフは、このプラットフ
　　　　ォームを使ってイラストレーターを雇ったり装丁などを仕上げるために、50万円ほどの
　　　　資金を募りました。プロジェクトの詳細は次のURLで参照できます。
　　　　https://www.kickstarter.com/projects/913565060/the-self-taught-programmer

訳者あとがき

　本書の著者、コーリー・アルソフ（Cory Althoff）は、「独学プログラマー」です。本書は、彼が独学で、ゼロからプログラミングを学んだ体験に基づいて書かれました。プログラミングを独学で身に付けるために、著者がPythonを通して学んだエッセンスが書かれています。彼の独学プログラマーとしての学び方は、Amazon.comでの本書の評価を見ると分かるように、多くの人に支持されています。

　原著のタイトル「The Self-Taught Programmer: The Definitive Guide to Programming Professionally」には、Pythonという単語は含まれません。つまり本書は、Pythonを学ぶ本ではありません。Pythonを使ってプログラミングを紹介していますが、伝えたい内容はPythonに限らない、プログラミング全般の知識です。

　本書の後半は、Pythonでのプログラミングから離れ、プログラミングする上で必要不可欠なツールや活動についての話題に移っていきます。ツールとして紹介されているBash、正規表現、パッケージ管理、バージョン管理は、プログラマーにとってどれも重要で、今後Python以外の言語を使う場合にも知っておくべきものです。そして、プログラマーとして仕事を得て、チームで活動していく方法についても紹介しています。

　多くのPython入門本がある中で、なぜまた新しい入門本が必要だったのか？　本書の役割はどこにあるのでしょうか？　本書は、学び方を教えることに特に注力しています。「プログラムを書いて作りたいものがある」「プログラミングを覚えて、面接を受けて、仕事を得て、チームで働きたい」といった、プロのプログラマーになるための学習法に興味がある人に向けて、何を学べば良いのか、その全体像を伝えることが本書の目的です。これこそが、ほかのPython入門本やプログラミング入門本にはない本書の魅力であり、訳者が翻訳を手掛けることを決めた理由です。

　著者の学習方法をまとめた本書は、多くの人に支持されています。その理由の1つは、彼自身が学びの途中にあり、対象読者と同じ視点で本書を書け

訳者あとがき

たからでしょう。だからこそ、何を学べば良いのかの全体像を、要点を押さえて伝えられたのだと思います。

この「独学プログラマーの視点」は、原著の強みであると同時に、弱みでもあります。独学プログラマーが書く「問題の解決方法」や「コード」にありがちな、疑問符の付く説明や粗いコードが、原著の一部に現れていました。そこで、翻訳の際には、そういった説明やコードには訳注を加えたり補章を設けたりして、今後の実践でも通用しやすいように配慮しました。本書に限ったことではありませんが、唯一無二の正解を教えてくれるプログラミングの指南書はありません。このことを念頭に置いて、継続して学ぶと良いでしょう。

第5部では、仕事について触れています。入社面接については、LinkedInでのコンタクトや電話面接といった内容が、日本での一般的な採用の流れとは異なるように感じるかもしれません。しかし、ここ数年、日本でもLinkedInなどのソーシャル・メディアを活用したり、電話面接を行う企業が少しずつ増えてきました。訳者の勤務先でも、遠方の人とは無料のビデオ会議サービスを使った面接をしています。海外での事例として捉えずに、先進的な事例に基づいた秘訣、ノウハウとして参考にしてください。

当然のことながら、原著において参考情報として登場する多くのサイトは、英語で書かれています。この日本語版では、同等の内容を提供する日本語サイトなどを追加しましたが、完全に同じ情報を提供できていません。最近は機械翻訳サービスの精度も向上しているので、日本語に機械翻訳して読んでみても良いでしょう。

本書の読み方・役立て方

本書で紹介する内容は、幅広い半面、細部までは触れていません。意図的に広く浅く紹介されているので、個別のトピックについて深く知りたくなったときは、そのトピックに特化して詳しく書かれている本を読むと良いでしょう。本書は、そういった本を手に取る前に、プログラミング全般を俯瞰して把握するのに適しています。この「訳者あとがき」から読む読者もいらっしゃるでしょうから、「本書の読み方・役立て方」をいくつか紹介しましょう。

311

- 本書は、文法の説明などはあまりせずに、初めからPythonのコードが登場します。このコードを目で追うだけでなく、実際に自分の手元でも動かしてみてください。
- 本書は、文法の学習よりも、プログラムを書くことの楽しさや便利さを体験して学ぶことを重視しています。本書の内容を超えて文法を詳しく知りたくなったら、参考文献やPythonの公式ドキュメントに進んでください。
- 分からないことがあったら、検索して答えを探したくなると思います。しかし、そうして見つけた解説が適切な情報かどうか、判別するのは難しいでしょう。なるべく書籍や公式ドキュメントを読むことをお勧めします。
- 各章に、その章で出てきた用語の紹介とチャレンジ問題を設けてあります。ほとんどのチャレンジには解答も用意されていますが、最初は解答を見ずに、自信がなくても構わないので、自分の手を動かして実践してください。はじめは、間違えてもいいので、書くことが重要です。間違えてしまったり、解答と違うコードだったりした場合には、どこが違っていたのかをじっくり考えてください。

　日本語版では、4名の方がレビューに協力してくれました。

　kame-chanさん（@okusama27）は、入門者に分かりやすい表現や前提なく使われる用語などについて、数多くの指摘をしてくれました。おかげでスムーズに読み進められる翻訳にできたと思います。また、本書とPyQとのコラボレーションを企画できたのも彼女のおかげです。

　tell-kさん（@tell_k）は、レビューを通じ、Pythonとして違和感のあるコードへの指摘と改善案を提示してくれました。また、締め切りギリギリまで訳注の文案について相談に乗ってくれました。おかげで、訳者の思い込みではない訳注やより良いコードを翻訳版で提供できたと思います。

　寺田さん（@terapyon）は、多くのPython書籍のレビューを行ってきた、いわゆるプロレビューアーの立場で見てもらいました。本書の粗い個所を見逃さず、修正の提案をもらったことで、バランスの良い説明ができました。

　Takumi Kogureさんは、Pythonをまだまだ学びたい人という立場でレビューしてもらいました。分かっている人が忘れてしまっている、初学者には

難しい表現や用語について、多くの指摘と提案をしてくれました。

　そして、本書の翻訳をしないかと声を掛けていただいた日経BP社の田島篤さんにも感謝します。本書のようなユニークな題材の本に関われたことで、教え方や学び方についての新しい視点が得られました。また、こちらの多くのワガママ（Slackチャット、GitLabリポジトリ、Dropboxでの修正指示など）を受け入れてくださり、ありがとうございます。

　最後に、それぞれの妻へ。早朝から深夜まで時間・場所を問わず、出産と育児という人生でもっとも忙しい時期に、書籍の翻訳に関わることを応援してくれました。本当にありがとう。

2018年2月1日　清水川貴之、新木雅也

索引

記号

\- ································· 31
!= ······························· 34
\# ······························· 18
\$ ···192（プロンプト）,200（環境変数）,208（正規表現）
\$PATH ························202
% ······························· 31
* ······························· 31
*（正規表現）························211
** ······························· 31
.（ピリオド）················208,211
.profile ·················200,205
.py··························· 14,118
/ ···· 31（割り算）,194（パス区切り）
// ······························· 31
^（キャロット）····················208
__init__ ·························150
| ····················199,202,210
~ ·····························200
\ （バックスラッシュ）··· 20,98,124,214
\+ ······························· 31
< ······························· 34
<= ······························· 34
= ······························ 25,35
== ······························· 34
> ······························· 34
>= ······························· 34

アルファベット

A

Abraham Lincoln（エイブラハム・リンカーン）····················134
Alonzo Church（アロンゾ・チャーチ）····························147
Amazon AWS····················191
and··························· 36

Andy Hertzfeld（アンディ・ハーツフェルド）····················· 16
Andy Hunt（アンディ・ハント）·270
append························· 72

B

Bash ·····················191,202
Benjamin Disraeli（ベンジャミン・ディズレーリ）·················· 70
Bjarne Stroustru（ビャーネ・ストロヴストルップ）··············144
bool···························· 23,46
break ························110
break文··················110,115
Bruce Schneier（ブルース・シュナイアー）····················277

C

capitalize ···················· 92
cd ···························195
class ························150
client ····················159,168
close························126
Code Review ·············276
collections··············254,263
continue ····················112
continue文 ··········112,115
csv ·························129
CSVファイル ·············129,131

D

Daniel Coyle（ダニエル・コイル）····················140,293
Dave Thomas（デーブ・トーマス）····························270
David Byttow（デイビッド・バイタウ）····················290

314

索引

def ································· 52
del ································· 82
dequeue ·························252
docstring（ドキュメンテーション文
　字列）························· 67,69
Doug Linder（ダグラス・リンダー）
　································· 10
DRY ·······················270,277

─── E ───

echo ·····························192
Edsger W. Dijkstra（エドガー・ダ
　イクストラ）···················280
Edward Yourdon（エドワード・ヨ
　ードン）·······················287
elif ······························ 38,41
elif文···························· 41,47
else ······························ 38
else文···························· 39,47
encoding ··················126,128
enqueue ·························252
EOL（エンドオブライン）··········· 29
epoch（エポック）··········256,257
except····························· 64
exit()·····························193
export ····························199

─── F ───

False································ 23
FIFO·······················252,257
findall ····························207
FizzBuzz ···················· 4,9,258
float·························· 23,46,55
for···························· 17,21,104
format···························· 92
forループ···················104,115
Frederick Brooks（フレデリック・
　ブルックス）···················238

─── G ───

George Washington（ジョージ・ワ
　シントン）·····················118
Git·························222,236
git ·······························225
git add ····························228
git checkout ·····················233
git clone ·························226
git commit························230
git diff ···························233
git log ···························232
git pull origin master ·············231
git push origin master··········230
git reset ·························229
git status·························227
GitHub ····················222,236
global ····························· 63
grep·························204,206
Guido van Rossum（グイド・ヴァ
　ン・ロッサム）···················· 11

─── H ───

has-a ·······················167,168
Henrik Warne（ヘンリク・ウォー
　ン）····························275
history·····························193
HTML ·····················238,244
HTMLタグ···················239,244

─── I ───

IDLE ······························· 12
if···································· 38
if-else文·························· 39,47
if文······························ 39,47
Ilya Dorman（イリヤ・ドルマン）
　································170
import（インポート）··············118
in ························ 74,77,81,97
IndentationError··················· 30
index ······························· 96

IndexError ··············· **73,89**
input··················· **56**
int ····················· **23,46,55**
is······················ **175**
is_empty ··············· **249,252**
Isaac Asimov（アイザック・アシモフ）
··················· **124**

J

Jack Dorsey（ジャック・ドーシー）**6**
Jan L. A. van de Snepscheut（ヤン
L.A. ヴァン・デ・スネップショイ
ト）··················· **88**
Java ···················· **158**
JavaScript ·············· **21,238**
Jeff Atwood（ジェフ・アトウッド）**4**
Jim McCarthy（ジム・マッカーシ
ー）··················· **286**
John Woods（ジョン・ウッズ）·**270**
join····················· **94**
Josh Waitzkin（ジョッシュ・ウェイ
ツキン）················ **5**

K

Kevin Systrom（ケビン・シストロ
ム）··················· **6**

L

LeetCode ··············· **284,292**
len····················· **55**
less····················· **199**
LIFO ··················· **248,257**
LinkedIn ··············· **282**
Linus Torvalds（リーナス・トーバ
ルズ）·············· **2,204,248**
Linux ·················· **8,9**
list····················· **71**
logging ················· **275**
lower ··················· **92**

ls······················ **195,198**

M

Marcus Aurelius（マルクス・アウレ
リウス）················ **292**
Margaret Hamilton（マーガレッ
ト・ハミルトン）········ **6**
Markup ················· **238,239**
Mary Rose Cook（メアリー・ロー
ズ・クック）············ **147**
math···················· **118**
mkdir ·················· **196**

N

NameError ·············· **62**
None ··················· **23,46**
NoneType················ **23,46**
not ···················· **36**
not in·················· **74,78,81,97**

O

object ·················· **173**
Olin Shivers(オリン・シーバーズ)···
··················· **222**
open ··················· **124**
or······················ **36**
os.path.join ············ **125**

P

pass···················· **160,165**
peek ··················· **249**
PEP 8··················· **273**
Peter van der Linden（ピーター・
ヴァン・デ・リンデン）········ **190**
pip ···················· **216,220**
pip freeze··············· **219**
pop ··················· **249**
pow ··················· **119**
print ·················· **16,19**
pull···················· **223,231**

316

索引

push ·················223,249
pwd ················193,195
PyCharm ················273
PyPI ···············217,220
Python ············ 2,11,15

R

Randall E. Stross（ランダル・E. ストロス）···················290
randint ····················119
random ···················119
range ··············· 16,108
re ·······················207
read···················127
replace ············ 70,90,96
return················· 52
rmdir ··················196
Robert C. Martin（ロバート・C・マーティン）···················· 50
root（ディレクトリ）···············194
root（ルート）············194,202,203
rootユーザー ···········201,203
Ruby····················158

S

self ·····················150
Sercan Leylek(セルカン・レィレキ)
···························216
site-packages ···········217,220
size····················249,252
sleep····················256
split ·················· 94
statistics ···············120,123
Steve Wozniak（スティーブ・ウォズニアック）··················· 6
str ·················· 22,46,55
strip··················· 95
sudo ················201,240
SVN ················222,236

T

Thomas C. Gale（トーマス・C・ゲール）····················158
Tim Ferriss（ティム・フェリス）···· 7
Tim Peters（ティム・ピータース）
···························204
time·················198,256
touch ··················198
True ··················· 23
try···················· 64
type···················171

U

unittest··················276
Unix ··················· 8,9
UnixライクなOS················· 8,9
upper··················· 91
urllib···················241
utf-8 ················126,128

V

ValueError ················56,66,96

W

Ward Cunningham（ウォード・カニンガム）····················178
Waseem Latif(ワシム・ラティフ)···258
whileループ ··················109,115
whoami ··················201
Windows ············· 8,9,124,128
Windows Subsystem for Linux
···························191,201
with文 ················127,131
Woody Allen（ウディ・アレン）104
write················126

Z

ZeroDivisionError ··········30,64,66

日本語

あ行

アセンブラ ･･････････････････････ 10
アセンブリ言語 ････････････････ 10,15
アナグラム ････････････････････261,267
アルゴリズム････････････････････258,266
アンダースコア ･･････････････ 28,52
イースターエッグ ･･････････････205,215
依存（関係）情報 ･･････････････216,220
イテラブル（繰り返し可能）････ 72,87
イミュータブル（変更不可能）･･ 76,86
インクリメント ････････････････ 26,46
インスタンス･･････････････････149,156
インスタンス変数 ････150,156,170,176
インデックス（添え字）･･････ 72,86,88
インデックス変数 ･････････････106,115
インポート ･････････････････････118,123
ウェブスクレイパー･･･････････238,244
ウェブフレームワーク ･･･････216,220
内側のループ･･････････････････113,115
エスケープ文字････････････････ 98,101
演算子････････････････････････ 31,47
演算子の優先順位 ･･････････････ 32,47
オープンソース ･･･････････ 8,9,11,15
オープンポジション･･･････････････282
オブジェクト････････････････････ 22,46
オブジェクト指向プログラミング･･148,156
オブジェクト指向プログラミングの4
　大要素････････････････････158,168
オプション引数･･･････････････ 59,69
オペレーティングシステム（OS）･ 8,9
親クラス･･････････････････････164,168

か行

開始インデックス ･･････････････100,101
回文･･････････････････････････260,267
角カッコ ････････････････････ 20,50
書き出す ･･････････････････････124,131
かけ算････････････････････････ 24,31
仮想環境･･････････････････････････220

カプセル化 ･････････････････158,168
環境変数･･････････････････････199,202
関数 ･･････････････････････････ 50,68
関数を呼び出す ･･････････････ 51,69
関数型プログラミング･･･････147,156
キー ･･････････････････････････ 78,87
キーバリューペア ･･････････ 78,87
キーワード ･･･････････････････ 21,46
キュー･･････････････････････252,257
組み込みモジュール･･････････118,123
組み込み関数･･･････････････ 54,69
クラス･･････････････････････149,156
クラスのインスタンス化 ･･････151,156
クラス変数 ･･･････････････････171,176
グラフィカルユーザーインターフェー
　ス（GUI）････････････････････ 8,9
グローバルスコープ･･･････ 60,69,144
グローバルステート･･144,147,148,156
グローバル変数 ･･････････ 61,69,144
継承 ･･････････････････････････164,168
権限（パーミッション）･･････201,203
コード ･･････････････････････ 10,15
コードベース･･････････････････222,236
コードレビュー･･･････････････276,278
攻撃対象領域･･････････････････277,278
構文 ･･････････････････････ 28,46
構文エラー･･････････････････ 29,47
高水準言語･･････････････････ 10,15
子クラス ･･･････････････････164,168
コマンドプロンプト･･･････････191,202
コマンドライン ･･････････････190,202
コマンドラインインターフェース
　･･････････････････････････190,202
コミット ･･････････････････････230,236
コミットする･･････････････････230,236
コミット番号･･････････････････232,236
コメント ････････････････････ 18,46
コンテナ･････････････････････････ 70
コンポジション ･･･････････････167,168

索引

さ行

サーバー	8,9
再帰	263,267
再帰終了条件	264,267
再帰法	264,267
三重クォート	20,88
算術演算子	31,47
式	32,47
字下げ（インデント）	16
辞書	78,87
シフトJIS	128
条件文	38,47
状態（ステート）	144,155
終了インデックス	100,101
シングルクォート	22,99
スイート	43,47
スコープ	60,69
スタック	248,257
ステージ	227,236
スライス	99,101
制御構造	38,47
正規表現	204,214,215
整数	23,46
製品化	270,277
製品コード	270,277
節	43,47
絶対パス	194,202
線形探索	259,267
相対パス	194,202
外側のループ	113,115

た行

代入演算子	25,46
対話シェル	12,13
足し算	24,31
ダック・タイピング	163
タプル	76,86
ダブルクォート	22,199
探索アルゴリズム	259,267
単純文	43,47

中央リポジトリ	233,236
抽象化	161,168
直交性	271,277
ツリー	194
低水準言語	10,15
定数	25,46
ディレクトリ	193,202
データ型	22,46
データ構造	223,236,248,257
デクリメント	26,46
テスト	275,278
手続き型プログラミング	144,156
デバッガー	274,278
デバッグ	272
デリミタ（区切り文字）	129,131
電話面接	283
ドキュメンテーション文字列	67,69
特殊メソッド	151,156
貪欲	212,215

な行

波カッコ	20,79,92

は行

バージョン管理システム	222,236
パース（構文解析）	240,244
バイナリ	10
パイプ	199,202
パス	194,202
バックエンド	280
バックスラッシュ	20,98,101,124,214
パッケージ	216,220
パッケージ管理ツール	216,220
パブリック変数	160,169
バリュー	78,87
ハングマン	134
反復処理（イテレーション）	104,115
反復法	263,267
被演算子	32,47
比較演算子	33,47

319

引き算 ····················· 24,131
引数 ····················· 51,59,69
非貪欲 ····················· 212,215
必須引数 ····················· 59,169
ファーストイン・ファーストアウト
  ····················· 252,257
ファイルオブジェクト ········ 125,131
ファイルパス ················· 124,131
ブール値 ····················· 23,46
複合文 ····················· 43,47
副作用 ····················· 148,156
プッシュ ·········· 226,236,248,257
浮動小数点数 ················· 23,46
プライベートメソッド ········ 160,169
プライベート変数 ············· 160,168
ブラックボックス ············· 292
プル ····················· 226,236
フルスタックエンジニア ········· 281
プログラミング ················· 10,15
プログラミングパラダイム ···· 144,155
フロントエンド ················· 280
プロンプト ····················· 13
文 ····················· 43,47
分散バージョン管理 ············· 223
ヘッダー ····················· 43,47
便宜上のルール ················· 50,69
変数 ····················· 25,46
ポップ ····················· 248,257
ポリモーフィズム ············· 158,168
ホワイトボードコーディングテスト
  （ホワイトボーディング）········283

ま行

マイナスインデックス ········· 89,101
マッピング ····················· 78,87
丸カッコ ····················· 20,51,76
ミュータブル（変更可能）······ 73,86
無限ループ ····················· 110,115
メソッド ············ 70,86,150,156

メソッドオーバーライド ······ 166,168
メタデータ ····················· 216,220
メッセージ ····················· 29
メンター ····················· 292
文字 ····················· 22,46
モジュール ····················· 118,123
文字列 ····················· 22,46

や行

ユーザー ····················· 201,202
読み込む ····················· 124,131

ら行

ラストイン・ファーストアウト··· 248,257
リスト ····················· 71,86
リポジトリ ····················· 223,236
リポジトリの同期 ················· 224
累乗 ····················· 24,31
ルート ····················· 194
ルートディレクトリ ············· 194,202
ルート（root）ユーザー ··········· 201
ループ ····················· 104,115
例外（Exception）············· 30,47
例外処理 ····················· 64,69
ローカルスコープ ················· 61,69
ローカルリポジトリ ······· 224,233,236
ローカル変数 ····················· 61,69
ロギング ····················· 275,278
論理演算子 ····················· 36,47

わ行

割り算 ····················· 24,31

320

[著者]

コーリー・アルソフ（Cory Althoff）

米クレムソン大学で政治学を専攻、卒業後にシリコンバレーに住みながら独学で
プログラミングを身に付ける。一年後にeBayのソフトウェア・エンジニアとして
就職。その後、シリコンバレーにて複数のスタートアップに参画し、主にフルス
タック・エンジニアとして活躍。以下で本書などに関連する情報を発信中。
https://theselftaughtprogrammer.io/
https://medium.com/@coryalthoff

[監訳・訳]

清水川貴之（しみずかわ たかゆき）

株式会社ビープラウド所属、一般社団法人PyCon JP会計理事。オープンソースの
Python製ドキュメンテーションツールSphinxのコミッター。Python mini hack-
a-thonやSphinx-Users.jpの運営の1人。2003年からPythonを使い始め、国内外
の多数のPythonイベントに登壇、Pythonとその関連技術の普及に努めている。
最近は、公私ともにPythonを教える立場で多く活動している。著書／訳書：
「Pythonプロフェッショナルプログラミング第2版」（秀和システム）、「Sphinxを
はじめよう第2版」（オライリー・ジャパン）、「エキスパートPythonプログラミン
グ改訂2版」（アスキードワンゴ）。
http://清水川.jp/

[訳]

新木雅也（しんき まさや）

日本タタ・コンサルタンシー・サービシズ株式会社所属。大学院研究のシミュレー
ションモデル構築のためにPythonを利用するようになり、その後さまざまな用
途でPythonと関わる。現在は、ウェブ開発、データ分析、機械学習などに携わっ
ている。大学留学と研究でカナダ生活が長く、英語での議論の楽しさに目覚め、
余暇には議論グループであるSocratesCafeTokyoの共同オーガナイザーなども務
めている。

独学プログラマー
Python言語の基本から
仕事のやり方まで

2018 年 2 月 26 日　第1版第1刷発行
2021 年 4 月 15 日　第1版第19刷発行

著　者	コーリー・アルソフ
訳　者	清水川 貴之
	新木 雅也
監　訳	清水川 貴之
発行者	村上 広樹
発　行	日経BP社
発　売	日経BPマーケティング
	〒105-8308 東京都港区虎ノ門4-3-12
装　幀	小口 翔平＋山之口 正和（tobufune）
制　作	芹川 千博（明昌堂）
印刷・製本	図書印刷株式会社

本書の無断複写・複製（コピー等）は著作権法上の例外を除き、禁じられています。
購入者以外の第三者による電子データ化および電子書籍化は、私的使用を含め一切
認められておりません。
本書籍に関するお問い合わせ、ご連絡は下記にて承ります。
https://nkbp.jp/booksQA

ISBN 978-4-8222-9227-0
Printed in Japan